本著作系 2022—2024 年山西省高等学校教学改革创新（思政课）《"大思政课"建设与大学生主体性作用研究》（项目编号：2022JGSZ001）的研究成果

"大思政课"与大学生主体性协同发展探析

徐爱花 ◎ 著

山西出版传媒集团
SHANXI PUBLISHING MEDIA GROUP
山西经济出版社

图书在版编目（CIP）数据

"大思政课"与大学生主体性协同发展探析 / 徐爱花著 . -- 太原 : 山西经济出版社 , 2025.6. -- ISBN 978-7-5577-1518-2

Ⅰ . G641

中国国家版本馆 CIP 数据核字第 2025QU4915 号

"大思政课"与大学生主体性协同发展探析

DASIZHENGKE YU DAXUESHENG ZHUTIXING XIETONG FAZHAN TANXI

著　　　者：	徐爱花
选题策划：	吕应征
责任编辑：	岳子璇
装帧设计：	李宁宁

出　版　者：	山西出版传媒集团·山西经济出版社
地　　　址：	太原市建设南路 21 号
邮　　　编：	030012
电　　　话：	0351-4922133（市场部）
	0351-4922142（总编室）
E - m a i l：	scb@sxjjcb.com（市场部）
	zbs@sxjjcb.com（总编室）
经　销　者：	山西出版传媒集团·山西经济出版社
承　印　者：	山西万佳印业有限公司
开　　　本：	710mm×1000mm　　1/16
印　　　张：	10.5
字　　　数：	212 千字
版　　　次：	2025 年 6 月　第 1 版
印　　　次：	2025 年 6 月　第 1 次 印刷
书　　　号：	ISBN 978-7-5577-1518-2
定　　　价：	68.00 元

前　言

在教育这片广袤而深邃的领域中，每一项研究都如同一颗种子，播种在知识的土壤里，期待着阳光雨露的滋养，最终破土而出，成长为参天大树。我的学术之旅，便是这样一段从萌芽到成长，从探索到收获的过程。而今，这本著作——《"大思政课"与大学生主体性协同发展探析》，作为2022—2024年山西省高等学校教学改革创新项目（思想政治理论课）：《"大思政课"建设与大学生主体性作用研究》的研究成果（项目编号：2022JGSZ061），这不仅是我个人学术生涯的一个重要里程碑，更是对新时代思政教育理论与实践探索的一次深度总结与前瞻。

一、初心萌芽：传统智慧与现代价值的交融

回望学术之路的起点，我对中国传统家风家教的浓厚兴趣，以及对社会主义核心价值观如何在新时代生根发芽的深切关注，成为我学术探索的原动力。2017年，当我有幸主持山西省社科联重点项目——"中国传统家风家教与社会主义核心价值观研究"时，我深知，这不仅是一次对传统智慧的深入挖掘，更是一次对现代价值的重新审视。家风家教，作为中华民族精神传承的微观载体，其蕴含的道德观念、价值取向与社会主义核心价值观有着千丝万缕的联系。在研究过程中，我深刻体会到，传统与现代并非割裂，而是相辅相成，家风家教的精髓正是社会主义核心价值观生活化的生动体现。这一发现，不仅激发了我对思政教育更深层次探索的热情，更为我后续的研究奠定了坚实的基础，引领我一步步走向"大思政课"的广阔舞台。

二、深化探索：主导性与主体性相统一的思政课教学实践

随着研究的深入，我逐渐意识到，思政教育的有效性不仅在于内容的正确性，更在于教学方法的创新与师生关系的和谐。在这一理念的指引下，2019年至2021年间，我主持并完成了校级课题《独立学院思政课教学中主导性与主体性相统一研究》。这一课题的开展，源于我对传统思政教学模式的反思，以及对

新时代大学生特点的深刻洞察。在研究过程中,我深刻体会到,只有当教师的引导与学生的主动探索相结合,思政教育才能真正触动心灵,激发学生的内在动力,实现知识传授与价值引领的统一。通过实践探索,我们构建了一种既尊重学生个性发展,又确保教育方向正确的教学模式,为"大思政课"建设中大学生主体性作用的发挥提供了宝贵的实践经验。

三、时代呼唤：从"小思政"到"大思政"的跨越

时间的车轮滚滚向前,随着"大思政课"理念的提出,我深感思政教育迎来了新的发展机遇。这一理念的提出,不仅是对传统思政教学模式的超越,更是对新时代思政教育使命的深刻把握。"大思政课"强调思政教育的全面性、系统性和实践性,要求我们将思政教育融入学生成长的每一个环节,让学生在实践中感悟理论,在服务社会中锤炼品德。在这一背景下,2022年我主持了山西省高等学校教学改革创新项目——《"大思政课"建设与大学生主体性作用研究》。这一项目的开展,不仅是对我前期研究成果的深化与拓展,更是对新时代思政教育要求的积极响应。在项目的研究过程中,我深刻体会到,"大思政课"的建设,不仅需要理论的支撑,更需要实践的探索；不仅需要教师的引导,更需要学生的参与。大学生的主体性作用,在这一过程中显得尤为重要,他们是思政教育的参与者、体验者,更是创造者。

四、理论与实践的双重奏：研究成果的凝聚与升华

伴随着课题研究的深入,一系列论文的撰写成为我学术探索的重要里程碑。从《略论思政课教学中灌输性与启发性相统一原则》到《思政课教学中主导性与主体性的统一》,再到《红色文化在高校思政课教学中的融入》,每一篇论文都是我对思政教育理论与实践的深刻思考与总结。在《"大思政课"视域下职业本科高校思政教育路径》与《职业院校精准思政：四维并进的创新路径》两篇论文中,我更是将"大思政课"理念与职业院校的实际情况相结合,探索出了一条符合职业教育特点、适应时代发展需求的思政教育新模式。这些论文的撰写,不仅丰富了我的学术成果,更为本书的撰写提供了坚实的理论基础与实践依据。

在本书的撰写过程中,我力求将理论与实践相结合,将宏观与微观相统一。从宏观层面,我深入剖析了"大思政课"理念的内涵与要求,以及大学生主体性作用在其中的重要地位；从微观层面,我结合具体的教学案例与实践经验,探讨了如何在"大思政课"的框架下,更好地发挥大学生的主体性作用,让思政教育真正走进学生的心灵,成为他们成长道路上的坚实支撑。

五、著作的意义与展望：推动思政教育创新发展

本书的出版，不仅是对我个人及团队研究成果的总结与展示，更是对"大思政课"建设的一次有力推动。它证明了，在"大思政课"的框架下，大学生的主体性作用不仅能够得到充分发挥，更能够成为推动思政教育创新发展的重要力量。通过本书，我希望能够激发更多教育工作者对"大思政课"的建设进行关注与思考，共同探索更多元、更有效的思政教育路径。

展望未来，我将继续秉承"大思政课"理念，深化对大学生主体性作用的研究，探索更多符合新时代要求的思政教育模式与方法。我相信，通过持续的努力与创新，我们能够共同推动思政教育迈向新的高度，让思政教育真正成为培养具有坚定理想信念、高尚道德品质、强烈社会责任感的新时代青年的重要途径。同时，我也期待本书能够成为广大教育工作者的参考与借鉴，共同为构建更加完善、更加有效的思政教育体系贡献力量。

总之，本书作为2022—2024年山西省高等学校教学改革创新项目的研究成果，不仅承载了我个人对思政教育的深刻理解与不懈追求，更凝聚了团队智慧与时代要求。我深信，通过持续的努力与创新，我们能够共同推动思政教育创新发展，为实现中华民族伟大复兴的中国梦贡献力量。

目　录

第一章　引言 …………………………………………………… 1

　　第一节　研究背景与研究问题 ………………………………… 2
　　第二节　研究目的与意义 ……………………………………… 3
　　第三节　方法论及研究框架介绍 ……………………………… 7
　　第四节　研究数据的获取与分析 ……………………………… 11

第二章　"大思政课"的概念、内涵与改革目标 …………… 20

　　第一节　"大思政课"的概念及内涵 ………………………… 21
　　第二节　聚焦思政课改革创新的核心目标 …………………… 25

第三章　"大思政课"的发展现状与问题 …………………… 27

　　第一节　总体态势评估 ………………………………………… 28
　　第二节　存在的问题与挑战 …………………………………… 29
　　第三节　对策与建议 …………………………………………… 35

第四章　"大思政课"我们要善用之 ………………………… 42

　　第一节　善用"大思政课"的主要依据 ……………………… 43
　　第二节　善用"大思政课"的内容向度 ……………………… 46
　　第三节　善用"大思政课"的推进路径 ……………………… 54
　　第四节　"大思政课"建构的基本原则 ……………………… 63

第五章　"大思政课"建设视域下大学生主体性作用的发挥 …… 65

　　第一节　发挥大学生主体性作用的场域 ……………………… 66
　　第二节　发挥大学生主体性作用的目的 ……………………… 71

第三节　发挥大学生主体性作用的层面 …………………… 73

第六章　"大思政课"建设视域下大学生主体性意识的构建 …… 79
第一节　大学生主体性意识构建的指导思想 …………………… 80
第二节　大学生主体性意识构建的基本原则 …………………… 84
第三节　大学生主体性意识构建的工作思路 …………………… 89

第七章　"大思政课"建设视域下大学生主体性作用的发挥路径 … 93
第一节　充分利用思政小课堂，激发学生学习积极性 ………… 94
第二节　积极延展社会大课堂，实现教学场域和内容的延伸 … 98
第三节　以思政课程引领课程思政，实现两者同向同行 ……… 100

第八章　教学实践中灌输与启发的平衡 ……………………………… 103
第一节　灌输性与启发性 …………………………………………… 104
第二节　思政课教学中存在的问题 ………………………………… 105
第三节　思政课教学要实现灌输性和启发性相统一 …………… 106

第九章　红色文化在思政课中的融入 ………………………………… 109
第一节　红色文化融入高校思政课教学的必要性 ……………… 110
第二节　红色文化融入高校思政课教学的有效途径 …………… 111

第十章　克服技术障碍，高效运用技术 ……………………………… 114
第一节　传统教学方式的局限性 …………………………………… 115
第二节　技术融合对教与学的推动作用 …………………………… 116
第三节　克服技术障碍，高效运用技术 …………………………… 118

第十一章　思政教师要实现"六要""八统一"，发挥主导作用 … 120
第一节　思政课教师要做"六要"好老师 ……………………… 121
第二节　思政课教学中要实现"八统一" ……………………… 126
第三节　思政课教师以其主导地位激发学生主体作用 ………… 131
第四节　确立积极的教师角色 …………………………………… 133
第五节　思政课教师要持续自我提升 …………………………… 135

第十二章　充分激发大学生主体意识，积极主动上好思政课 ··· 139

　　第一节　强化主体需要，增强大学生有效接受的程度 ············ 140
　　第二节　发挥主体作用，激发大学生受教育的主动性 ············ 144
　　第三节　培养主体素质，挖掘大学生主体的内在潜力 ············ 147

参考文献 ·· 153

第一章 引言

  新时代新征程上，思政课建设面临新形势新任务，必须有新气象新作为。要坚持以新时代中国特色社会主义思想为指导，全面贯彻党的教育方针，落实立德树人根本任务，坚持思政课建设与党的创新理论武装同步推进，构建以新时代中国特色社会主义思想为核心内容的课程教材体系，深入推进大中小学思想政治教育一体化建设。要始终坚持马克思主义指导地位，以中国特色社会主义取得的举世瞩目成就为内容支撑，以中华优秀传统文化、革命文化和社会主义先进文化为力量根基，把道理讲深讲透讲活，守正创新推动思政课建设内涵式发展，不断提高思政课的针对性和吸引力。要着力建设一支政治强、情怀深、思维新、视野广、自律严、人格正的思政课教师队伍。①

——《习近平对学校思政课建设作出重要指示》

---

① 《习近平对学校思政课建设作出重要指示》，据《新京报》网站：https://www.bjnews.com.cn/detail/1715415421129970.html。

思想政治理论课是高校立德树人的关键课程，是培养担当民族复兴大任的时代新人的重要途径。由于思想政治理论课在育人方面具有区别于其他公共课程和专业课程的极端重要性和不可取代性，因而思政课程的建设和具体实施需要思政课教师、高等院校以及社会各方采取相应的措施，如果把思政课程只看成是思政课教师的任务，那么势必会大大影响思政课的育人成效。2019年3月18日，习近平总书记在学校思想政治理论课教师座谈会上强调，我们办中国特色社会主义教育，就是要理直气壮开好思政课。2021年3月6日，习近平总书记在看望参加全国政协十三届四次会议的医药卫生界、教育界委员并参加联组会时，再次谈到思政课，习近平总书记指出，"'大思政课'我们要善用之，一定要跟现实结合起来。""大思政课"是习近平总书记对新时代高校思想政治理论课建设的重要指示，是对思政课教育教学理念、内容、方法、形式等方面的全面创新和提升。开设"大思政课"要坚持以习近平新时代中国特色社会主义思想为指导，聚焦立德树人根本任务，推动用党的创新理论铸魂育人，不断增强针对性、提高有效性，实现思想政治理论入脑入心。

大学生是祖国的未来、民族的希望，也是我们党的未来和希望。他们正处于人生观、价值观、世界观形成和确立的关键时期，具有强烈的求知欲、创新意识和社会责任感。大学生主体性是指大学生作为教育主体，在教育过程中能够自主地选择、参与、创造和评价教育活动，能够自我认知、自我管理、自我发展和自我完善。大学生主体性是高等教育质量的重要标志，也是高等教育改革发展的重要目标。

"大思政课"与大学生主体性协同发展，既是思政课教育教学改革创新的必然要求，也是提高思政课教学质量和效果的有效途径。笔者试图从理论与实践两个层面，探讨"大思政课"与大学生主体性协同发展的内涵、价值和路径，以期为高校思想政治理论课建设提供一些借鉴和启示。

第一节 研究背景与研究问题

在新时代的背景下，高校思想政治理论课面临着新的挑战和机遇。一方面，高校思想政治理论课是培养社会主义建设者和接班人的重要课程，是实现立德树人根本任务的关键环节，是引导大学生坚定理想信念、增强道德情操、提高综合素质的重要途径。另一方面，高校思想政治理论课也存在课程设置不合理、教学内容陈旧、教学方法单一、教学效果不佳等问题，导致部分大学生对思想政治理论课缺乏兴趣和认同，甚至产生抵触和反感情绪。为了解决这些问题，习近平总书记提出了"大思政课"的重要指示，要求高校思想政治理论课要跟现实结合起来，把党的创新理论讲清楚，把中国特色社会主义道路讲明白，把中华民族伟大复兴的奋斗目标讲透彻，把中国特色社会主义核心价值观讲深刻，把中华优秀传统文化讲广泛，"把当代中国发展成就和世界发展大势讲清晰"。这些要求为高校思想政治理论课建设提供了根本遵循和行动指南，也对高校思想政治理论课的教育教学改革创新提出了新的任务和要求。

然而，在当前高校思想政治理论课的教育教学实践中，大学生的主体性往往没有得到充分尊重和有效发挥。一些教师过分强调知识灌输和思想引导，忽视大学生的个性差异和主动参与，导致思想政治理论课成为"说教"而非"对话"的场所。教材因需满足通用性要求，比较强调理论阐述和规范表述，难以完全涵盖现实问题和热点话题，这导致在缺乏灵活教学能力的教师手中，思想政治理论课往往易沦为"教条"而非贴近"生活"的内容。此外，有些教师过分强调考试评价和成绩考核，忽视学生的学习过程和能力培养，导致学生学习思想政治理论课只是为了"应付"，而非以汲取知识和思想为目的。这些现象不仅影响思想政治理论课的教学质量和效果，也损害了大学生的主体性和创造性，不利于培养担当民族复兴大任的时代新人。

教与学是学校教育中的一体两面，教师应认真教，学生应认真学。但是教师认真教并不是一厢情愿地教，不是单纯填鸭式、灌输式地教。对于在网络时代成长起来的大学生而言，生动、有趣成为很多大学生评价教学效果的主观要素。因而，调动大学生学习的积极性、主动性，激发大学生的学习兴趣和动力，提高大学生的思想水平和创新能力，增强大学生的社会责任感和使命感，促进大学生的全面发展和个性化成长是教育教学各层面、各环节要关注的重点。

因此，如何在"大思政课"的建设中充分发挥各层面、各环节的思政教育功能和作用，同时发挥大学生主体性的作用，实现"大思政课"与大学生主体性的协同发展，这是一个亟待解决的重要问题。

第二节 研究目的与意义

一、本书的研究目的

1. 探讨"大思政课"与大学生主体性协同发展的理论基础和内在联系

第一，教育理论基础。以习近平新时代中国特色社会主义思想为指引建设"大思政课"，应结合教育教学规律、学生成长成才规律，坚持开门办思政，强化问题意识、突出实践导向，充分调动全社会力量和资源，建设"大课堂"、搭建"大平台"、建好"大师资"，培养学生的思想道德素质和社会责任感。主体性强调学生在学习和发展过程中的自主性、积极性和创造性，与"大思政课"的教育理念相契合。"大思政课"与大学生主体性的协同发展意味着"课"与"人"的相互作用和彼此成就。

第二，价值引领基础。"大思政课"的价值引领基础在于坚持正确的指导思想，强化社会主义核心价值观的引领作用，突出实践导向，注重知识传授与价值引领的有机统一，以及创新教学方式方法等方面。这些基础相互支撑、相互促进，共同构成一个有机的整体，为"大思政课"的价值引领提供了坚实的保障。主体性教育则倡导学生树立正确的自我标准，通过积极参与学习和社会活动，实现自我发展和成长。这种教育方式鼓励学生发挥主观能动性，培养独立思考和解决问题的能力，同时要求学生关注社会现实，积极参与社会活动，实现个人价值与社会价值的统一。

第三，社会需求基础。现代社会对大学生提出了更高的要求，除了专业知识和技能，高校还需要培养学生的综合素质、创新能力和领导能力。达成这一目标的有效做法是要结合时代背景和学科特点，将思政课程与专业课程有机融合，形成协同效应。通过组织学生参加社会实践活动、志愿服务、创新创业等活动，让他们在实践中学习、成长。大思政课通过思想引领和实践锻炼，可以帮助学生更好地满足社会对人才的需求。

2. 分析"大思政课"与大学生主体性协同发展的现实需求和困难

"大思政课"与大学生主体性协同发展的现实需求主要体现在以下几个方面。

第一，培养大学生全面发展的需要。随着社会的发展和时代的进步，对大学生的综合素质要求越来越高。通过"大思政课"与大学生主体性的协同发展，可以更好地培养大学生的思想道德素质、科学文化素质和身心健康素质，促进大学生的全面发展。

第二，提升大学生社会适应能力的需要。大学生在毕业后需要适应社会的发展和变化，具备较强的社会适应能力。通过"大思政课"与大学生主体性的协同发展，可以培养大学生的独立思考能力、创新能力和实践能力，提升大学生的社会适应能力。

第三，推进高校思想政治教育改革的需要。"大思政课"是高校思想政治教育的重要组成部分，通过与大学生主体性的协同发展，可以推动高校思想政治教育改革、完善思想政治教育体系、提高思想政治教育的教学质量和效果。

然而，在"大思政课"与大学生主体性协同发展的过程中也存在一些困难。

第一，传统教育观念的束缚。传统教育观念强调知识的传授和应试教育，忽视学生的主体性和个性发展。这种教育观念不利于"大思政课"与大学生主体性的协同发展，需要打破传统观念的束缚，树立全新的教育理念。

第二，教育资源的不足。一些高校在"大思政课"建设方面存在师资力量不足、协同联动效果不佳等问题，这会影响到"大思政课"与大学生主体性的协同发展。同时，一些高校在实践教学方面的投入也不足，不利于培养学生的实践能力和创新精神。

第三，教学方式方法的挑战。传统的思政课程教学方式方法比较单一，缺乏多样性和互动性，难以满足学生的需求。同时，一些教师缺乏对新兴教学方式的了解和应用，这也会影响到"大思政课"的整体建设及其与大学生主体性的协同发展。

3. 提出"大思政课"与大学生主体性协同发展的具体策略和实施步骤

为实现"大思政课"与大学生主体性协同发展，可采取以下策略和实施步骤。

第一，整合课程资源。将思政教学内容与各学科专业知识相结合，通过开设相关的思政课程模块，提高学生的综合素质。

第二，建设师资队伍。加大"大思政课"师资队伍建设力度，提高教师的思政素质和专业能力，并提供相应的培训和支持。

第三，创新教学方法。采用问题式教学、研讨式教学、案例式教学等方式，激发学生的思考和参与，培养其主体性。

第四，加强实践环节。通过社会实践、志愿服务等方式，让学生将思政课所学知识应用到实践中，增强其社会责任感。

第五，强化评价机制。建立科学、全面的评价体系，综合考核学生在思政课程中的学习和发展情况，鼓励学生发挥主体性。

通过以上具体策略和实施步骤，可以促进"大思政课"与大学生主体性协同发展的有效结合，提升大学生的思想道德素养和综合素质。

二、本书的研究意义

本书的核心内容和研究方向皆围绕思政课程深度展开，对思政课程领域的探索具有一定的研究价值。

首先，从理论上丰富和完善高校思想政治理论课教育教学改革创新的相关研究，为高校思想政治理论课建设提供新的视角和思路。高校思想政治理论课教育教学改革创新是当前高等教育领域的重要任务之一。在学术研究方面，研究者应该加强对思政课程教育教学理论的探索，从中发现存在的问题和不足，并寻求解决的新视角和思路。例如，研究者可以在教学内容的选择方面，结合当前国家发展和社会发展的要求，注重把握时代特点和学生需求。此外，研究者应该加强对思政课程教学方法和手段的研究，注重适应学生的学习特点和兴趣，争取通过合理的教学设计和多样化的教学手段，提高学生的学习效果和兴趣。通过理论的研究和探索，研究者可以为高校思想政治理论课的教育教学改革创新提供更加科学和全面的指导。

其次，从实践上促进高校思想政治理论课教育教学质量和效果的提升，为高校思想政治理论课教育教学改革创新提供可行的措施。高校思想政治理论课教育教学质量的提升必须以实践为基础。为此，研究者应该关注实践中的问题和挑战，不断开展实践研究，寻找可行的方法和措施。例如，研究者可以加强师生互动，通过引入案例教学、讨论课等形式，促进师生之间的积极互动和交流。此外，研究者还可以开展课程改革实验，不断尝试新的教学模式和教学手段，以提高教学质量和效果。虽然这些都可以通过思政课程的自我改革来完成，但是只有把思政小课堂和社会大课堂结合起来才能真正发挥"大思政课"的作用。通过实践的探索和实验，研究者可以总结经验和教训，为高校思想政治理论课的教育教学改革创新提供具体、可行的方法和措施，也可以为宏观角度的育人层面的工作发挥积极作用。

再次，从培养目标上有助于激发和培养大学生的主体性和创造性，为培养担当民族复兴大任的时代新人提供有效的途径和保障。高校思想政治理论课的教育教学改革创新应该以培养目标为导向。学校应该思考如何通过思政课程的教育教学，激发和培养大学生的主体性和创造性。例如，学校可以注重培养学生的批判性思维和创新意识，通过让学生参与社会实践、开展创新项目等方式，锻炼学生的问题解决能力和创新能力。此外，学校还应该注重培养学生的责任感和认同感，通过讲授国家的历史、文化等内容，激发学生对国家和民族的热爱和认同，培养担当民族复兴大任的时代新人。通过关注培养目标，学校可以为高校思想政治理论课的教育教学改革创新提供有效的途径和保障，使其更好地适应时代发展和学生需求。

接着，要深入研究高校思想政治理论课程的培养目标，并结合时代的需求和学生的特点，制定相应的教育教学策略。以培养主体性和创造性为目标，通过案例分析、团队合作、项目实践等方式，激发学生的学习兴趣，提高他们的思辨能力和创新能力。同时，在教学过程中要注重学生的个性发展和兴趣引导，通过多样化的评价手段，鼓励学生展示个人才华和观点。这可以为学生提供更广阔的发展空间，有助于他们成为有社会责任感和创新思维的时代新人。

最后，加强与其他学科的交叉融合，拓宽高校思想政治理论课程的教育教学内容和方法。通过与哲学、伦理学、社会学等学科的交叉融合，可以让学生在学习思政课的同时，了解和掌握相关学科的理论和方法，提升他们的综合学习能力和综合素质。

总之，本书的研究从理论上丰富和完善了高校思想政治理论课教育教学改革创新，从实践上促进了教育教学质量和效果的提升，从培养目标上激发和培养了学生的主体性和创造性，可以为高校思想政治理论课程的建设和发展提供新的视角和思路。同时，这样的研究和实践也能为培养具有民族复兴使命的时代新人提供有效的途径和保障，为社会主义精神文明建设和实现中华民族的伟大复兴贡献力量。

第三节 方法论及研究框架介绍

一、研究方法

第一，文献研究，笔者梳理国内关于思政课的相关理论和实践研究，了解当前思政课教学的研究现状和问题。这里需要补充的是，尽管欧美国家没有思政课程这样的名称，但是同样通过公民、政治等通识课程培养符合本民族和本国价值观的公民，他们的教学熏陶形式更加多样化。在学校之外，也有更多的社区服务等类型的实践活动，可以培养青年人的社会责任感和使命感，因而在研究过程中，将不可避免地参考或者借鉴国外的相关资料和数据。

第二，开展实证研究，通过实地调研和案例分析，了解不同高校的思政课教学改革实践，总结成功经验和存在的问题。

第三，提出思政课教学改革的理论和实践框架，以指导思政课教学的改革创新。该框架包括教学内容和教学方法的创新、思政课与社会生活的结合、教师培训与发展、评估和监控机制的建立等方面。

总之，本研究以习近平总书记提出的"大思政课"建设的思路和教育部相关文件为遵循，将围绕推进思政课的改革创新展开，旨在提高思政课的质量和实效，为培养具有正确世界观、人生观和价值观的高素质人才贡献力量。通过文献研究和实证研究相结合的方法，笔者建立相应的研究框架，以指导思政课教学的改革实践。

二、研究框架

本书旨在深入探讨"大思政课"的内涵、现状及其与大学生主体性协同发展的关系，提出促进两者有效结合的创新路径。以下是本书的研究框架。

（一）引言

1.研究背景与研究问题

阐述新时代背景下高校思政教育改革的重要性与紧迫性，并提出"大思政课"理念在提升大学生主体性方面的作用与挑战。

2. 研究目的与意义

本书旨在探索"大思政课"与大学生主体性协同发展的有效路径，并论述研究对于推动高校思政教育创新、增强大学生综合素质的重要意义。

3. 方法论及研究框架

采用文献研究与实证研究相结合的方法，综合分析现有研究成果与实践经验。并围绕以下几个模块展开研究，包括理论探讨、现状分析、问题诊断、对策建议及实践案例等。

4. 研究资料（数据）的获取与分析

一是说明数据来源，包括文献资料、调查问卷、学生反馈及成功案例等。二是阐述数据收集、整理与分析的方法，确保研究的科学性与有效性。

（二）"大思政课"概述与内涵

1. 定义与内涵解析

先梳理"大思政课"的提出背景与核心概念，再阐述"大思政课"的内涵，包括其教育理念、目标定位及实施要求等。

2. 聚焦思政课改革创新的核心目标

先分析当前思政课改革的主要方向与核心目标，再探讨"大思政课"在推动思政课改革创新中的作用与意义。

（三）"大思政课"的发展现状与问题

1. 总体态势评估

概述当前"大思政课"建设的总体情况与成效。

2. 存在的问题与挑战

分析"大思政课"建设中存在的主要问题，如重视程度不够、一体化建设亟须深化等，并分析问题产生的原因及可能带来的影响。

3. 对策与建议

提出有针对性的对策与建议，以推动"大思政课"建设的持续改进与深化。

（四）"大思政课"的善用与创新

1. 善用"大思政课"的主要依据

阐述善用"大思政课"的理论依据与现实需求。

2. 善用"大思政课"的内容向度

探讨如何有效利用社会资源、历史资源、时代资源及实践资源等，丰富"大思政课"的内容。

3. 善用"大思政课"的推进路径

提出提高教师能力、创新方式方法、建立育人体系及完善体制机制等推进路径。

4."大思政课"建构的基本原则

明确"大思政课"建构应遵循的基本原则，如坚持习近平新时代中国特色社会主义思想主题教育等。

（五）大学生主体性作用的发挥与构建

1. 发挥大学生主体性作用的场域

分析大学生在学术研究、社会实践、创业创新等场域中主体性作用的发挥情况。

2. 发挥大学生主体性作用的目的

阐述发挥大学生主体性作用的目的，包括提升自主学习能力、培养创新意识及团队合作能力等。

3. 大学生主体性意识的构建

探讨构建大学生主体性意识的指导思想、基本原则及工作思路。

（六）"大思政课"建设视域下发挥大学生主体性作用的路径

1. 思政小课堂的利用

提出丰富教学内容、坚持以学生为本等策略，激发学生学习的积极性。

2. 社会大课堂的延展

通过整合校内力量、设立实践教学基地等路径，实现教学场域和内容的延伸。

3. 思政课程与课程思政的结合

分析思政课程的核心引领作用与课程思政的全方位渗透，以及如何实现两者的结合。

（七）教学实践中灌输与启发的平衡

1. 灌输性与启发性

阐述思政课教学中灌输性与启发性的重要性。

2. 存在的问题

分析当前思政课教学中存在的问题，如灌输说教多、学生参与少等。

3. 实现灌输性和启发性相统一

提出转换教学理念、更新教学方法及提升执教能力等策略，实现两者的统一。

(八) 红色文化在思政课中的融入

1. 融入的必要性

阐述红色文化融入高校思政课教学的必要性及其意义。

2. 融入的有效途径

提出红色文化典型化、本土化、时代化及网络化的有效途径，增强思政课的感染力与亲和力。

(九) 克服技术障碍，高效运用技术

1. 传统教学方式的局限性

分析黑板授课、PPT授课等传统教学方式的局限性。

2. 技术融合的推动作用

阐述在教学中应用学习通、钉钉、雨课堂及虚拟现实等技术的场景及优势。

3. 克服技术障碍

提出正视技术恐惧、参加技术培训、创新技术应用等策略，从而高效运用技术提升教学效果。

(十) 思政教师要实现"六要""八统一"，发挥主导作用

1. "六要"好老师

阐述对思政课教师在政治素养、情怀、思维、视野、自律及人格等方面的要求。

2. "八统一"的实现

分析思政课教学中应实现的包含政治性与学理性、价值性与知识性等在内的"八统一"。

3. 教师主导作用的发挥

探讨思政课教师如何以其主导地位激发学生主体作用，塑造积极的教师角色，并持续提升自身能力。

(十一) 充分激发大学生主体意识，积极主动上好思政课

1. 强化主体需要

阐述强化大学生的主体需要，增强思政课有效接受程度的重要性及策略。

2. 发挥主体作用

提出通过参与案例分析、角色扮演等方式，激发大学生受教育的主动性。

3. 培养主体素质

分析培养大学生独立思考、创新创造等主体素质的重要性及路径。

4. 参加实践活动

阐述大学生如何通过参加志愿服务、社会调查等实践活动，做到理论与实践的有机结合。

（十二）思政课程理论与实践相结合的创新路径案例分析

1. 课内读书交流

分析深度阅读在思政课程中的应用及效果。

2. 行走的思政课

阐述通过实践探索实现理论内化的路径与成效。

3. 假期社会调查

介绍大学生假期社会调查的实施过程与收获。

4. 教学成果与收获

从思政课教师的角度总结教学实践的成果与经验。

（十三）总结与展望

1. 总结研究的主要发现

概括本书研究的主要结论与发现。

2. 对"大思政课"建设的启示与建议

提出对"大思政课"建设的启示与针对性建议。

3. 研究的局限性与未来研究方向

分析本研究的局限性，并展望未来的研究方向与趋势。

研究思路为：明确研究方向与目标—梳理"大思政课"理论基础—分析发展现状与挑战—探究大学生主体性—探索协同发展路径—实证研究与效果评估—总结与推广应用。

第四节　研究数据的获取与分析

一、数据来源

数据主要来源于课题组成员开展的问卷调查，分别在2022—2023学年、2023—2024学年第一学期，发放项目研究问卷，主要着眼于思政课程的教学状况，共计585人次参与问卷调查，并进行数据的统计和分析。

二、调查问卷结果

(一)思政课程教学状况综合分析

1. 学生专业背景分析

从问卷的数据来看,参与调查的学生主要集中在理工科类专业,文科类专业学生占比较小,音乐、美术、体育类和其他专业的学生较少参与。这反映出不同专业学生对于思政课程实践教学的关注度和参与度存在差异,理工科类专业学生对于此类课程的反馈更具代表性。

2. 学生对思政课程的态度分析

大多数学生对思政课程感兴趣,且满怀期待地进入课堂,认为思政课程对他们的大学生活的帮助很大。数据显示,以 2023 年冬的调查结果为例,对思政课程感兴趣的学生占参与调查学生总数的 93.15%,进教室之前对课堂有期待的同学的比例为 90%,如下图所示。

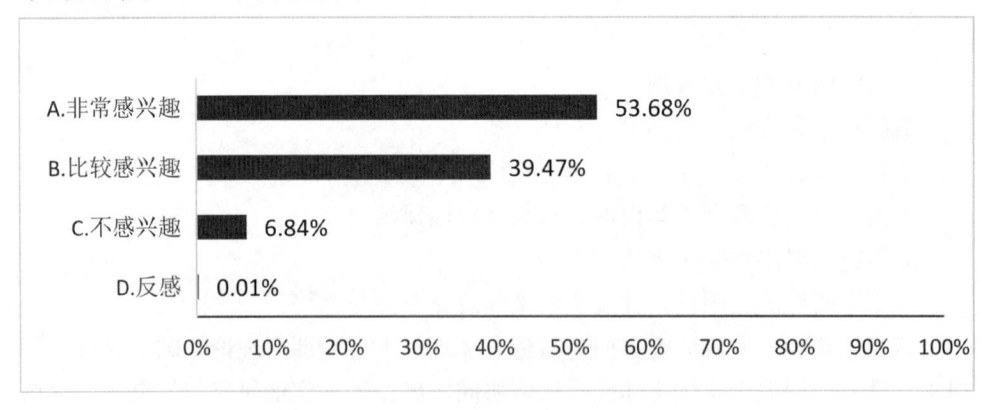

选项	比例
A.非常感兴趣	53.68%
B.比较感兴趣	39.47%
C.不感兴趣	6.84%
D.反感	0.01%

图 1-1 你对本学期的思政课感兴趣吗?

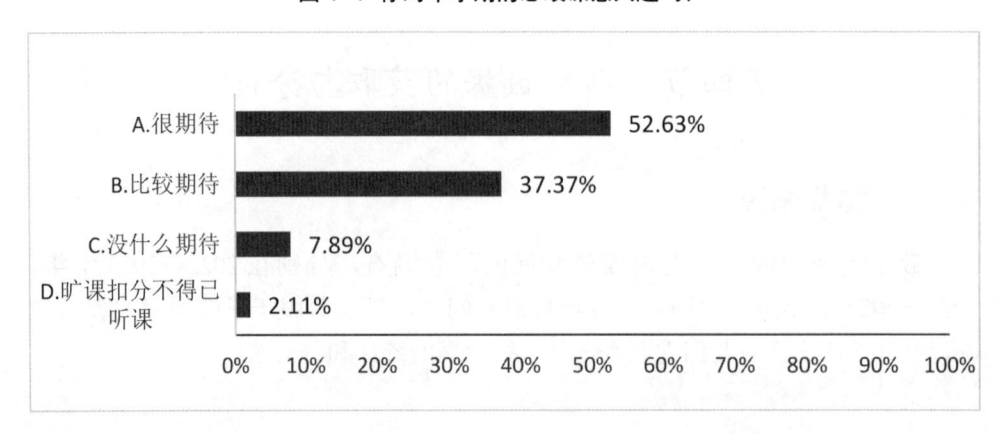

选项	比例
A.很期待	52.63%
B.比较期待	37.37%
C.没什么期待	7.89%
D.旷课扣分不得已听课	2.11%

图 1-2 每次上思政课,进教室之前你的心态是怎么样呢?

3. 课堂实践活动的感受与效果

学生认真参与课堂实践活动，感受到学习的成就感和满足感。同时，学生也普遍认为实践活动与课程内容紧密相关，能够提升学习效果。数据显示，大多数受访者认为思政课程和实践活动之间存在积极的相互促进关系，而少数受访者则持相反观点或认为两者之间没有必然联系。如下图所示。

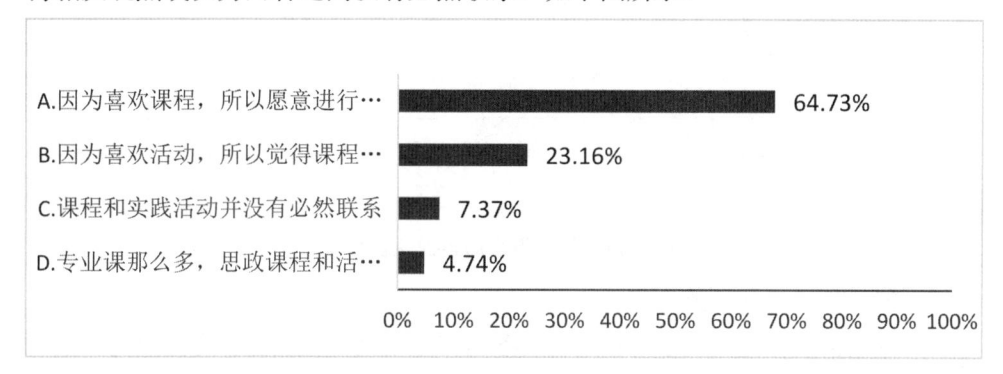

选项	比例
A.因为喜欢课程，所以愿意进行…	64.73%
B.因为喜欢活动，所以觉得课程…	23.16%
C.课程和实践活动并没有必然联系	7.37%
D.专业课那么多，思政课程和活…	4.74%

图 1-3 对思政课程和实践活动的关系，你的态度是什么呢？

4. 实践教学组织方式的有效性

播放提前录制好的微视频和上讲台轮流展示是学生最喜欢的课堂实践活动形式，教师可以针对学生的喜好进行教学设计，提高学习效果。

在课堂上展示学习成果和在校园开展自行调查或实践是最受学生欢迎的组织方式。这表明学生更倾向于参与具有实践性和互动性的教学活动，这有助于提升他们的学习兴趣和参与活动的积极性。

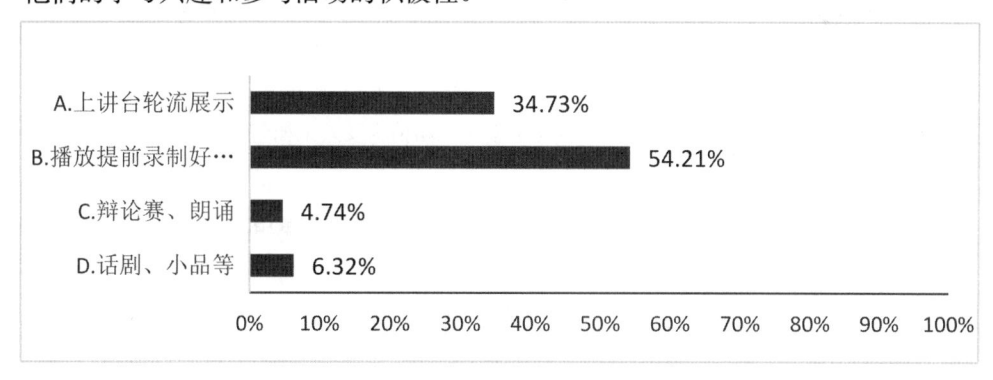

选项	比例
A.上讲台轮流展示	34.73%
B.播放提前录制好…	54.21%
C.辩论赛、朗诵	4.74%
D.话剧、小品等	6.32%

图 1-4 你最喜欢的课堂实践活动形式是什么呢？

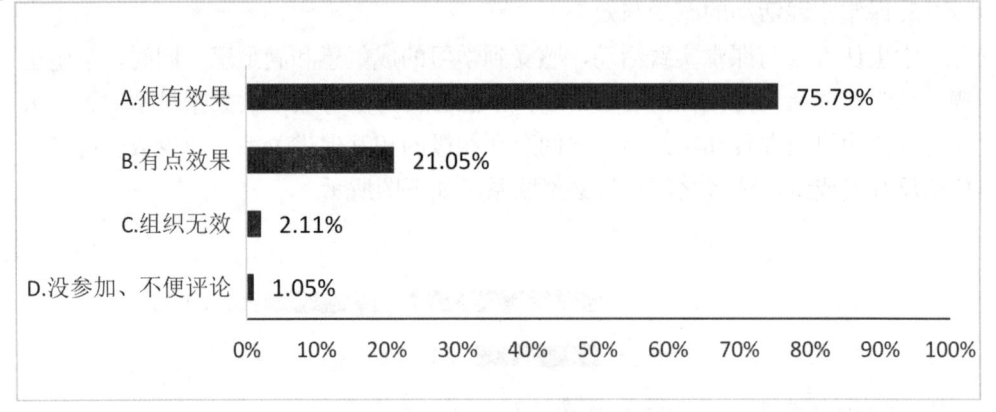

```
A.很有效果              75.79%
B.有点效果       21.05%
C.组织无效   2.11%
D.没参加、不便评价  1.05%
      0%  10% 20% 30% 40% 50% 60% 70% 80% 90% 100%
```

图 1-5 你们的小组活动组织是否有效？

5. 课堂教学互动及效果评价

与理论讲授相比，大学生普遍喜欢参与课堂活动。他们能够直接感受到互动效果的好坏。下图反映了学生对课堂活动的态度。

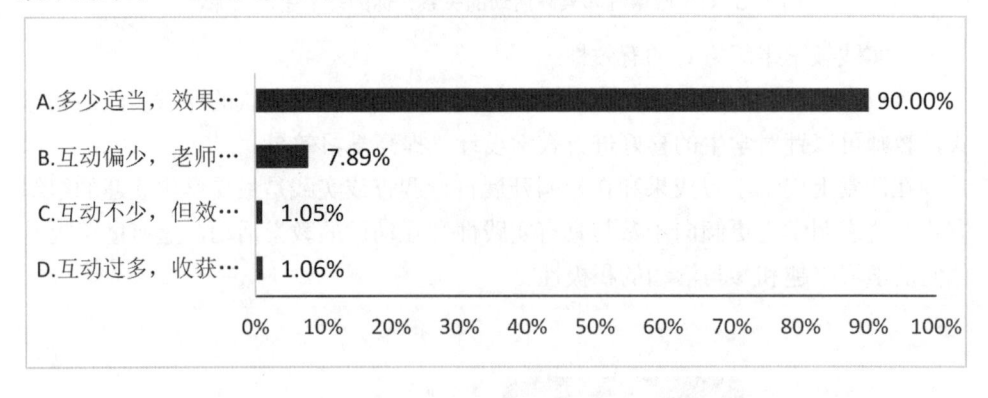

```
A.多少适当，效果…                        90.00%
B.互动偏少，老师…   7.89%
C.互动不少，但效…  1.05%
D.互动过多，收获…  1.06%
      0%  10% 20% 30% 40% 50% 60% 70% 80% 90% 100%
```

图 1-6 你认为本学期课堂教学互动情况及效果如何？

6. 对任课教师的印象与评价

学生普遍认为任课教师认真负责的教学态度、幽默风趣的教学风格，能够带来良好的学习体验。这也说明和谐的师生关系有利于提高学生对思政课程的满意度和认可度。

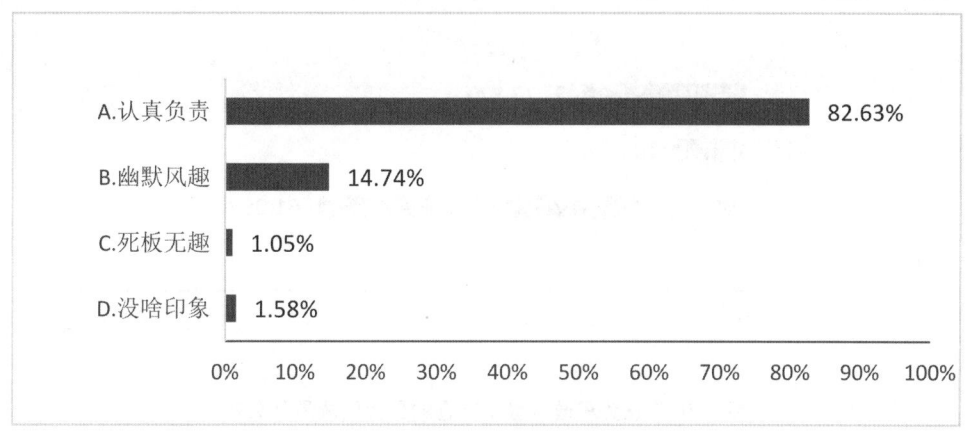

```
A.认真负责    82.63%
B.幽默风趣    14.74%
C.死板无趣    1.05%
D.没啥印象    1.58%
```

图 1-7 本学期思政课任课教师给你的印象如何？

7. 学生喜欢的思政课类型与老师特质

学生喜欢既能把知识讲深讲透讲活，又亲切随和、好相处的教师。这表明学生在思政课程学习中，既希望能增长知识，又期望与教师建立良好的互动关系。因此，教师在授课过程中应注重讲解内容和与学生的沟通，否则讲得再好，如果忽视学生的反馈，那么效果也会大打折扣。对于思政课教师而言，大多数受访者更看重教师的教学内容和个人魅力，而不仅仅关注教师的外表或其他易于得分的特点。

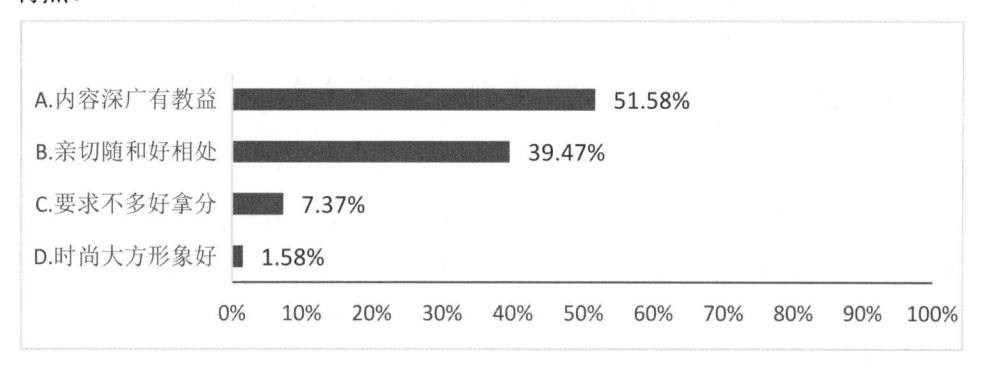

```
A.内容深广有教益    51.58%
B.亲切随和好相处    39.47%
C.要求不多好拿分    7.37%
D.时尚大方形象好    1.58%
```

图 1-8 你喜欢什么类型的思政课老师？

8. 思政课程教学中存在的问题

就调查问卷的数据分析结果来看，受访者认为在思政课程教学中，"其他"是最大的问题，这可能是由于问卷设计存在疏漏导致具体问题未能得到明确的反映。此外，教学方法和教学内容问题也被部分学生提及。这提示研究者在今后的思政课程教学中，需要关注教学方法的改进和教学内容的优化，以满足学生的学习需求。

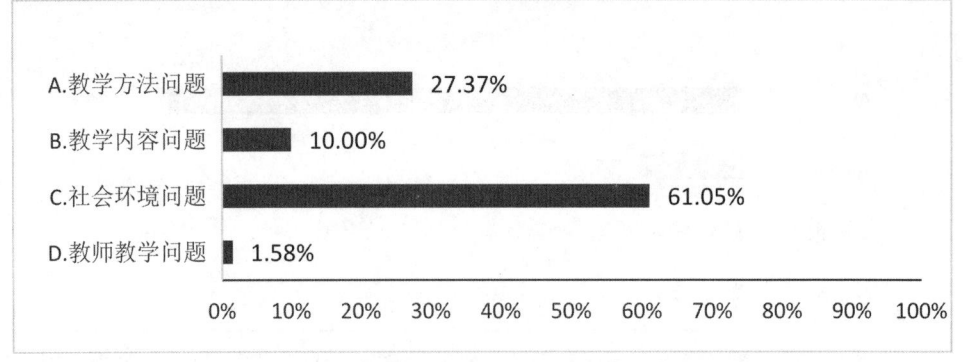

```
A.教学方法问题     27.37%
B.教学内容问题     10.00%
C.社会环境问题     61.05%
D.教师教学问题     1.58%
```

图 1-9 你认为思政课教学存在的最大问题是什么？

综上所述，通过对问卷进行综合分析，我们可以了解学生对思政课程教学的整体态度和评价、思政课程教学存在的问题和改进方向。这有助于高校更好地优化思政课程教学，提升教学质量和效果。

（二）思政课程问卷数据总结与分析结论

1. 学生群体特征

本次问卷调查主要覆盖理工科类专业学生，文科类专业学生占比较小，音乐美术体育类和其他专业的学生较少参与。这虽然反映了样本的局限性，但也在一定程度上体现了不同专业背景学生对思政课程实践教学的不同态度。

2. 课程兴趣与态度

大多数学生对本学期所学的思政课表现出浓厚的兴趣，认为该课程对他们的大学生活会有较大的帮助。

3. 实践教学感受与期望

大部分学生表示能够认真参与课堂教学活动，并从中有所收获。他们希望思政课教学能够更加贴近现实生活，结合社会热点和实际问题，让他们能够在教学中深入理解思政理论，提升分析问题和解决问题的能力。

4. 教学组织方式评价

学生对思政教学组织方式的有效性评价较高，尤其认可在课堂上展示学习成果和在校园自行开展调查或实践的方式。这表明学生更倾向于参与具有实践性和互动性的教学活动，这些活动有助于提升他们的实践能力和综合素质。

5. 师生互动与效果

大多数学生认为该学期思政课的课堂教学活动的互动方式适当且效果好，他们能够充分参与讨论和思考。总体来说，学生对具有互动性的教学课堂较为满意，但是还觉得互动时间相对较少，互动次数不够频繁。

6.存在问题与改进方向

尽管学生对思政课程的整体评价较为积极,但仍有部分学生认为思政课程的教学方法、教学内容等方面存在问题。此外,"其他"问题也被认为是思政课程教学中存在的最大问题,这提示我们需要进一步深入了解学生的具体需求和反馈,以便有针对性地改进教学内容和方式。

（三）结论

通过调查问卷的结果,能够看出学生对思政课程的整体态度和评价较为积极,同时抱有较高的期望。值得关注的是,思政课作为"大思政课"建设过程中的主体部分仍存在一定的问题和改进空间,需要关注教学方法、教学内容等方面的优化和完善,以满足学生的期望和需求。

基于以上结论,高校可以进一步调整和优化思政课程的设计和实施,以满足学生的学习需求和期望,提升教学质量和效果。同时,积极回应学生的期望,创新教学方式,使思政课程更加贴近现实生活,更具吸引力和影响力。

三、学生反馈

电子信息工程技术专业2203D班马同学和她的舍友积极参与思政课程的课堂实践活动,其作品《行程万里,初心如磐——跟着习近平总书记的足迹学习党史》获得笔者所在院校"大学生讲思政课"微视频大赛的特等奖。以下是马同学的上课感受。

接下来谈谈我这个学期认识的新朋友:徐老师。徐老师用自己的方式让我们从原来枯燥的课堂中获得了乐趣,用丰富的课件、影视资料、图片等,使课程内容更加丰富,也使同学们能更好地理解所学知识。同时,老师也通过更多的课堂展示、实践活动等方式调动学生积极性,引导同学们积极思考。在这样的过程中我了解了实践的重要性,感受到了要用更多、更广的角度去分析社会热点,去看世界的形势与发展的过程,受益颇多。

电梯工程技术专业2202B班的宋同学性格腼腆,但是在课堂上进行读书分享时,与老师积极沟通,并不断修改和完善课件内容,在读书分享环节表现优异。

经过这两次实践活动,我有了许多收获,收获了一个敢于表达的自己,收获了敢于展现自我的自己,也丰富了我的文化底蕴,提高了我的综合素养,激发了我对阅读的热情。最后,十分感谢老师给我们搭建了一个可以展示自我的平台,希望以后还有更多的机会。

计算机应用工程 2201B 班的郭同学希望教师能增加课堂互动，同时对任课教师的工作态度和人生态度表示欣赏。

我认为这门课程可以多一点互动，互动不仅能推动课程进度，还能活跃课堂氛围，也能促进两个班级的友谊。所以，我认为互动是有必要的。

我想对老师说："我很欣赏您对待工作，对待生活以及对待家人认真乐观的态度，我在课堂上不仅学到了很多理论知识，还在您身上学到了很多待人接物的本领。"这都是我们人生中的必修课，希望您在以后的教学中能够交到很多好朋友，让更多人学习到您身上的闪光点！

四、成功案例的经验与启示

为深入贯彻中共中央、国务院关于高校毕业生就业工作的决策部署，突出就业育人实效，赋能大学生职业发展，由山西省教育厅主办、山西工程科技职业大学和山西省教育发展服务中心承办的山西省首届"工行杯"大学生职业规划大赛决赛和闭幕式在山西工程科技职业大学成功举办。本次比赛以"筑梦青春 志在四方，规划启航 职引未来"为主题，引导大学生树立正确的就业观、择业观和成才观，更好地实现以赛促学、以赛促教、以赛促就的目标，推动人才与用人单位实现供需有效对接，助力我省高校毕业生高质量充分就业。

山西工程科技职业大学学生凭借出色表现，最终斩获一等奖 1 名、二等奖 1 名、三等奖 2 名的好成绩，同时学校荣获"优秀组织单位"荣誉称号。

2023 年，我校以"学习二十大 永远跟党走 奋进新征程"为主题开展暑期社会实践活动。结合学校实际情况，校团委遴选立项 19 支校级实践团队，涵盖理论普及宣讲、发展成就观察、乡村振兴攻坚、中华文明探源、教育帮扶关爱等实践主题，其中，4 支志愿宣讲团队入选团中央立项。同时，结合团省委"青春兴晋"大学生实习实践活动，扩大学生参与活动覆盖面，引导广大青年学生积极学习贴近现实的"大思政课"，帮助学生在社会课堂中受教育、长才干、做贡献。在学校各种举措的大力推动下，山西工程科技职业大学师生在社会实践活动方面取得了不少成果。建筑设计学院"行则将至，匠心不止"发展成就观察团荣获 2023 年"三下乡"社会实践全国优秀团队；交通工程学院的李老师荣获 2023 年乡村振兴"笃行计划"全国优秀实践个人；信息工程学院"寻源·筑梦"乡村振兴实践项目获评 2023 年全国大学生"千校千项"优秀社会实践团队；信息工程学院《寻振兴文化源 筑青春虹光梦》社会实践总结视频、会计学院《学思想见行动 团团在左权》社会实践总结视频获评 2023 全国大学生"千校千项"优秀社会实践视频。

2024 年 5 月 13 日，智能建造产教融合共同体成立大会暨智能建造改革发展论坛在晋中职业技术学院举办。当天早上 8 点 30 分,智能建造产教融合共同体成立仪式举行,仪式由山西工程科技职业大学校长主持。会上,对智能建造产教融合共同体单位进行授牌,共同体单位一致表示将在智能建造领域携手并进,共同探索未来发展之路。此次活动作为职教活动周活动的一部分,不仅为产教融合共同体的建设和行业发展提供了重要契机和动力,也为未来职业院校、业界精英和各界人士紧密合作,共同致力于智能建造事业的蓬勃发展,提供了合作舞台。

第二章 "大思政课"的概念、内涵与改革目标

　　教育是国之大计、党之大计。要从党和国家事业发展全局的高度，坚守为党育人、为国育才，把立德树人融入思想道德教育、文化知识教育、社会实践教育各环节，贯穿基础教育、职业教育、高等教育各领域，体现到学科体系、教学体系、教材体系、管理体系建设各方面，培根铸魂、启智润心。[①]

　　——2021年3月6日，习近平总书记在看望参加全国政协十三届四次会议的医药卫生界、教育界委员时的讲话

---

① 《（两会受权发布）习近平看望参加政协会议的医药卫生界教育界委员》，据新华网：https://lianghui.huanqiu.com/article/42Cmks0B2U0。

第一节 "大思政课"的概念及内涵

一、"大思政课"的概念

"大思政课"是习近平总书记在 2021 年 3 月 6 日看望参加全国政协会议的医药卫生界、教育界委员时首次提出的一个重要概念。"大思政课"旨在培养能够担当民族复兴大任的时代新人。

"大思政课"是基于人的思想政治素养形成与发展规律,以学生学习生活和成长发展为时空维度,集合课内课外、校内校外、线上线下全时空领域鲜活思政教育素材,构建起纵向贯穿大中小学全学段、横向贯通学校与社会全时空的思政课体系。"大思政课"并非另外开设的独立课程,而是在思政课的基础上进一步守正创新,在思政课的框架下进行拓展的,具有思政课的本质属性和功能。

相对于传统的思政课,"大思政课"在教学理念上有所改变。它不再局限于仅在课堂上教授知识,而是协同融合多种元素,包括思政课的知识、情感、意义和行动等,以形成全面的教学观。这种教学理念更符合人们思想政治素质形成与发展的规律。在教学资源方面,"大思政课"还将进一步扩大范围。它不再局限于教材、书本和文件等传统资源,而是整合校内外、线上线下的各种资源,并进行优化整合,以满足学生思想品德发展的需求。在教学和育人质量方面,"大思政课"将改变传统课堂思政课单一的理论讲授模式,运用多种教学方法,如理论讲授、情境体验和实践锻炼等,激发教师和学生的主体性,进一步提升教学的生动性、吸引力和感染力,以提高思政课的针对性和实效性。建设社会大课堂是实现"大思政课"目标的重要途径之一。通过创建"大思政课"教学实践基地,学生可以近距离地洞察社会、观照时代,有助于他们未来在祖国大地上接受教育、展现才干、做出贡献。通过参与社会实践项目、社会调研、志愿服务等活动,学生能够接触真实的社会,思考和解决社会问题,从而增强他们的实践能力和学科素养。

二、"大思政课"的内涵

第一,"大思政课"是相对于课堂思政课而言的,是立足当今国际国内时代背景,面向培养担当民族复兴大任的时代新人的新使命,在继续发挥现有的思政课优势基础上的守正创新。这如何理解呢?

所谓"守正",即一方面要发挥传统思政课的理论教学优势。传统思政课在理论教学方面具有丰富的经验,这是"大思政课"建设的基础。在"大思政课"的建设过程中,要继续发挥传统思政课的理论教学优势,注重马克思主义理论的系统性和完整性,引导学生深入学习和理解马克思主义理论。另一方面,要强化传统思政课的价值观教育。传统思政课在价值观教育方面具有显著的优势,这也是"大思政课"建设的重要基础。在"大思政课"的建设过程中,要继续强化传统思政课的价值观教育,注重培养学生的爱国情怀、社会责任感和历史使命感,引导学生树立正确的世界观、人生观和价值观。

所谓"创新",即一方面,要创新教学方式方法,虽然传统思政课有独特的优势,但随着时代的发展和学生需求的变化,其教学方式方法也需要进行创新。在"大思政课"的建设过程中,可以采用多样化的教学手段,如情景模拟、互动讨论、实践教学等,增强思政课的趣味性和实效性。同时,可以利用互联网、新媒体等现代技术手段,拓展思政课的教学空间和渠道,实现线上线下相结合的思政课教学模式。另一方面,要强化实践育人和协同发展,传统思政课注重理论教学,但在实践育人方面存在一定的不足。在"大思政课"的建设过程中,要注重实践教学,通过组织学生参与社会实践、志愿服务等活动,增强学生的社会责任感和实践能力。同时,要将实践育人与理论教学相结合,引导学生将理论知识与实践相结合,提高思政课的教学质量和效果。在"大思政课"的建设过程中,要加强与其他课程、校内各部门、政府、企业和社会各界的协同配合,形成全员育人、全程育人、全方位育人的良好格局。只有加强协同发展,才能更好地培养担当民族复兴大任的时代新人,为经济社会发展提供人才支持和智力保障。

第二,"大思政课"以习近平新时代中国特色社会主义思想为指导,以立德树人为根本任务,以培养担当民族复兴大任的时代新人为培养目标,以尊重和发挥大学生主体性为基本途径,以创新和提升高校思想政治理论课的教育教学质量和效果为基本目标。

"大思政课"以习近平新时代中国特色社会主义思想为指导,确保思政课教学始终沿着正确的方向前进。这一思想是新时代中国共产党的思想旗帜,其内涵丰富、逻辑严密、体系完备、博大精深。将这一思想融入思政课教学中,有助于学生深入理解中国特色社会主义的伟大事业,坚定"四个自信",培养他们的爱国情怀和社会责任感。

"大思政课"以立德树人为根本任务。立德树人是高校的根本任务,也是思政课教学的核心目标。通过思政课教学,引导学生树立正确的世界观、人生观和价值观,培养他们的社会责任感和历史使命感。只有这样,才能确保高校培养出来的人才具备高尚的品德和扎实的专业素养，能成为社会主义事业的合格建设者和接班人。

"大思政课"以培养担当民族复兴大任的时代新人为培养目标。当前，中国正处于实现民族复兴的关键时期，需要一大批有理想、有担当、有能力的人才来推动这一伟大事业的发展。通过"大思政课"的培养，要使学生具备担当民族复兴大任的素质和能力，不仅要具备扎实的专业知识和技能，更要有高尚的道德品质和社会责任感。

"大思政课"以尊重和发挥大学生主体性为基本途径，以创新和提升高校思想政治理论课的教育教学质量和效果为基本目标。传统的教学模式往往过于注重知识的传授，而忽视学生的主体性和个性发展。"大思政课"的教学理念强调学生的主体性，鼓励学生在学习中发挥主观能动性，积极参与课堂讨论和实践活动。同时，通过创新教学方式方法，如情景模拟、互动讨论、实践教学等，可以增强思政课的趣味性和实效性，提升教育教学的质量和效果。

第三，"大思政课"是构建新时代"大思政课"格局的必然要求和有效途径，是全面贯彻党的教育方针和社会主义办学方向的根本体现，也是新时代青少年健康成长和全面发展的根本要求。

"大思政课"是构建新时代"大思政课"格局的必然要求和有效途径。随着时代的发展和社会的进步，教育环境和对象也发生了深刻的变化。传统的思政课教学模式已经难以满足当今大学生的需求，因此，需要创新和拓展思政课的教学内容和方式。建设"大思政课"，可以更好地整合校内外资源，发挥各方面的优势，形成全员育人、全程育人、全方位育人的格局。这是新时代对思政课教学提出的新要求，也是推动思政课教学创新发展的必然趋势。

"大思政课"是全面贯彻党的教育方针和社会主义办学方向的根本体现。党的教育方针是培养德智体美劳全面发展的社会主义建设者和接班人，这一方针的贯彻需要思政课的支撑和引领。通过"大思政课"的建设，可以更好地坚持社会主义办学方向，将党的教育方针融入教育教学全过程，确保人才培养符合党和国家的要求。同时，"大思政课"的建设也有助于加强党对高校的领导，发挥高校党委的核心领导作用，确保高校始终成为培养社会主义事业建设者和接班人的坚实阵地。

"大思政课"是新时代青少年健康成长和实现全面发展的根本要求。青少年是祖国的未来和民族的希望，他们的健康成长和全面发展对于国家和民族的未来至关重要。通过"大思政课"的建设，可以更好地关注学生的个体差异和成长需求，促进他们的全面发展。同时，"大思政课"还可以帮助学生树立正确的世界观、人生观和价值观，培养他们的社会责任感和历史使命感，为他们的健康成长提供坚实的思想基础和价值引领。

第四，教师不仅要在课堂上讲"大思政课"，也要在社会生活中讲，要把党的创新理论讲清楚，把中国特色社会主义道路讲明白，把中华民族伟大复兴的奋斗目标讲透彻，把中国特色社会主义核心价值观讲深刻，把中华优秀传统文化讲广泛，把当代中国发展成就和世界发展大势讲清晰。

要将党的创新理论讲清楚。党的创新理论是马克思主义中国化的最新理论成果，是指导中国发展的重要思想武器。要帮助学生深入理解党的创新理论，把握其精神实质和核心要义，增强学生对中国特色社会主义的理论自信和道路自信。

要把中国特色社会主义道路讲明白。中国特色社会主义道路是中国共产党在长期实践中探索出的一条符合中国国情的现代化建设道路。要引导学生深入了解中国特色社会主义道路的历史背景、形成过程和实践成果，帮助学生认识到这一道路的优越性和正确性，增强道路自信和民族自豪感。

要把中华民族伟大复兴的奋斗目标讲透彻。中华民族伟大复兴是中国人民的共同理想和追求，也是中国发展的战略目标。"大思政课"的教学可以帮助学生全面了解中华民族伟大复兴的历史渊源、现实意义和未来展望，培养他们的历史使命感和责任感，以及为实现民族复兴而努力奋斗的精神品质。

要把中国特色社会主义核心价值观讲深刻。中国特色社会主义核心价值观是以爱国主义为核心的民族精神和以改革创新为核心的时代精神的集中体现。"大思政课"的教学可以引导学生深入理解和践行社会主义核心价值观，培养他们的爱国主义情怀和社会责任感，帮助他们树立正确的世界观、人生观和价值观。

要把中华优秀传统文化讲广泛。中华优秀传统文化是中华民族的瑰宝和智慧结晶，是推动中国发展的重要精神力量。"大思政课"的教学可以引导学生深入了解中华优秀传统文化的内涵、特点和价值，培养他们的文化自信和民族自豪感，推动中华优秀传统文化的传承和发展。

要把当代中国发展成就和世界发展大势讲清晰。当代中国发展成就和世界发展大势是影响中国发展的重要因素。"大思政课"的教学可以帮助学生全面了解当代中国的发展成就和世界的发展趋势，引导他们正确认识和把握国际国内形势，拓展国际视野，增强战略思维能力。

第二节　聚焦思政课改革创新的核心目标

思政课改革创新是新时代高校思想政治工作的重要任务，也是提高思政课教育教学质量和效果的必然要求。思政课改革创新的核心目标是什么？如何实现这一目标？这是我们必须深入思考和回答的问题。

思政课改革创新的核心目标，就是用习近平新时代中国特色社会主义思想铸魂育人，培养担当民族复兴大任的时代新人。这一目标既体现了党中央对高校思想政治工作的根本要求，也体现了高校思想政治理论课的本质属性和功能。用习近平新时代中国特色社会主义思想铸魂育人，就是要让学生深刻领会和坚定信仰这一科学理论，把这一科学理论作为自己的行动指南，把这一科学理论内化为自己的精神追求和价值取向，把这一科学理论转化为自己的实践能力和创新能力。培养担当民族复兴大任的时代新人，就是要让学生牢记自己肩负着实现中华民族伟大复兴的历史使命，具备强烈的爱国情怀、社会责任感、历史担当，具备坚定的"四个自信"、优秀的"四个素质"、过硬的"四个能力"，具备勇于创新、敢于担当、善于协作、乐于奉献的精神风貌。实现思政课改革创新的核心目标，需要从以下三个方面着手。

第一，坚持以习近平新时代中国特色社会主义思想为指导，不断丰富和发展思政课的教育教学内容。要紧密结合时代发展和学生成长需要，将党中央治国理政新理念新思想新战略有机融入各门思政课，将习近平总书记关于"大思政课"的重要指示批示和在中国人民大学考察时的重要讲话精神贯穿于各门思政课。要突出重点、抓住关键、突出难点，讲清楚习近平新时代中国特色社会主义思想与马克思主义基本原理、中国特色社会主义道路、中华民族伟大复兴等之间的内在联系，讲明白习近平新时代中国特色社会主义思想与当代中国发展成就和世界发展大势之间的逻辑关系，讲透彻习近平新时代中国特色社会主义思想与学生个人成长发展之间的实践关系。

第二，坚持开门办思政课，不断创新和优化思政课教育教学方法。要善于运用多样化的教学方法，注重发挥学生主体性作用，积极运用小组研学、情景展示、课题研讨、课堂辩论等方式组织课堂实践。要善于利用社会大课堂，充分调动全社会力量和资源，开展志愿服务、理论宣讲、社会调研等实践活动，让学生在实践中感悟理论的真谛，增强理论的亲和力和感染力。要善于运用网络平台，充分利用信息技术手段，开展线上线下互动教学，拓展教学时空，提高教学效率。

第三，坚持以人为本，不断完善和落实思政课教育教学保障机制。要加强思政课教师队伍建设，提高思政课教师的政治素养、专业水平和教学能力，支持思政课教师开展理论研究和教学改革，激发思政课教师的创新活力和教学热情。要加强思政课教材建设，及时修订和完善思政课统编教材，编写和推广一批优质的选修课程教材，支持出版高校思政课实践教学成果。要加强思政课教学评价，建立多维度综合的评价体系，重视过程评价和能力评价，充分发挥评价的导向作用和激励作用。

第三章 "大思政课"的发展现状与问题

　　以上这些，说的是只有打好组合拳，才能讲好思政课，但无论组合拳怎么打，最终要落到把思政课讲得更有亲和力和感染力、更有针对性和实效性上来，实现知、情、意、行的统一，叫人口服心服。[①]

　　——2019年3月18日，习近平总书记在学校思想政治理论课教师座谈会上的讲话

---

① 习近平：《思政课是落实立德树人根本任务的关键课程》，《求是》2020年第17期。

第一节　总体态势评估

"大思政课"作为新时代高校思想政治工作的重要理念和创新举措，自习近平总书记提出以来，便得到党中央的高度重视和各地各校的积极响应，取得了一定的成效。具体表现在以下三个方面。

首先，各地各校在思想认识上达成共识。各地各校充分认识到"大思政课"建设的重要意义和紧迫性，将其作为贯彻落实习近平总书记重要指示批示和在中国人民大学考察时的重要讲话精神的重要举措，作为深化新时代学校思想政治理论课改革创新的重要途径，作为培养担当民族复兴大任的时代新人的重要手段，纷纷制定具体的工作方案和实施细则，明确工作目标和任务，落实工作责任和措施。例如，湖南大学马克思主义学院龙兵教授在岳麓书院讲授思政实践课，他从讲堂檐前的"实事求是"匾额谈起，向学生讲解党的思想路线。一个个故事，一件件文物，激发学生深入思考。华东师范大学与中共一大纪念馆等合作共建现场教学点，让学生做志愿者、讲解员，建设党史育人、实践育人平台。

其次，各地各校在教育教学上取得进步。各地各校坚持以习近平新时代中国特色社会主义思想为指导，不断丰富和发展思政课教育教学内容，创新和优化思政课教育教学方法，完善和落实思政课教育教学保障机制，推动思政小课堂与社会大课堂相结合，推动各类课程与思政课同向同行，提高了思政课教育教学质量和效果。从2022年开始，笔者所在的高校已连续三年组织思政课程大赛，思政教师与专业教师手拉手集体备课，组队参赛，成效显著。同时，很多高校也积极开展一系列丰富多彩的实践教学活动，如志愿服务、理论宣讲、社会调研、主题教育等，让学生在实践中感悟理论的真谛，增强理论的亲和力和感染力。如2022年党的二十大后，为深入学习贯彻党的二十大精神，加强全国高校马克思主义学院青年学子交流互鉴，在教育部社科司指导下，清华大学马克思主义学院发起，37家全国重点马克思主义学院联合主办"千马廿行"全国高校马克思主义学院青年学子联学联讲党的二十大精神系列活动，号召全国高等学校马克思主义学院青年学子开展联学共建、联合备课、联合巡讲活动，以"千马"之思策动"小马"之行，效果显著。

最后，各地各校在整合社会资源上形成合力。各地各校坚持开门办思政课，充分调动全社会力量和资源，与各级党委、政府、军队、企业、社团等建立良好的合作关系，利用现有基地（场馆），设立了一批"大思政课"实践教学基地，开发了一批现场教学专题，组织了一批优质教学资源，推出了一批品牌示范活动,为"大思政课"建设提供了有力的支撑。例如,山东大学在刘公岛等地建立22个思政教育社会实践基地,每门思政课教师都带学生到基地实践考察;延安大学突出因地制宜优势,思政课教师将课堂搬到杨家岭、枣园、南泥湾;北京理工大学发挥技术优势,建设虚拟仿真思政课体验教学中心,让学生戴上VR眼镜体验重走长征路……

第二节 存在的问题与挑战

尽管"大思政课"建设取得了一定的成效,但也存在一些问题和不足。主要表现在以下五个方面:一是对"大思政课"建设的重视程度有待提高;二是对"大思政课"建设的保障措施有待完善;三是对"大思政课"建设的创新能力有待加强。

一、高校"大思政课"建设存在的问题有待提高

1. 对"大思政课"建设的重视程度有待提高

当前,高校的思想政治理论课程建设虽然已经成为教育改革的重要议题,但高校对于"大思政课"建设的重视程度还有待提高。一是一些高校在课程设置上对思政课程投入的资源和时间相对较少。很多高校将思想政治理论课程作为一门选修课来对待,对其重要性缺乏充分认识,导致课程质量和效果的提升有限。二是教学内容的传授方式比较传统和单一,缺乏多样性和创新性。一些教师在课堂上只讲授知识点,较少运用互动和案例分析等教学方法,使学生对思政课课堂的兴趣和参与度不高。此外,理论教学和实践教学"两张皮"现象较为突出,实践教学对理论教学的辅助和补充作用发挥得不够到位。三是有些高校在师资队伍建设上也存在问题。部分高校难以按照1:350的比例足额配备思政课教师,尽管部分行政人员和专职辅导员也属于思政教师队伍,但是专业是否对口、理论基础是否扎实、能否讲好讲优思政课则存在较大不确定性,导致一些配备的思政课教师缺乏对思政课程的专业性和深度的了解,无法给予学生足够的指导和启发,影响教学质量的提升。

进一步重视"大思政课"的建设,需要高校和教育部门共同努力。高校应该加大对思政课程的资源投入力度,将其纳入学校教育教学改革的重点项目中。要制定完善的课程设置和教学大纲,注重学科融合和跨学科教学方法,提高课程的专业性和针对性。应该加强对教师队伍的建设,提高教师的教学水平和素养。教育部门需要加大对思政课程的政策导向和支持力度,制定相关政策和措施,为高校的"大思政课"建设提供更好的保障和支持。同时,也应该加强对教师的培训

和评价工作，建立考核机制，激励教师积极参与思政课程的建设和改革。

总之，高校和教育部门要提高对"大思政课"建设的重视程度，共同努力，加大投入和改革力度，提高教学质量和效果，以培养有理想、有道德、有文化、有纪律的社会主义建设者和接班人。

2. 地方和学校层面的保障措施有待完善

某些地方和学校对"大思政课"建设缺乏全局观和战略眼光，没有将其作为高校思想政治工作的重中之重，在工作部署上不够突出，在工作推进上不够有力，在工作落实上不够到位。有的地方和学校对"大思政课"建设的理解不够深刻，没有把握好"大思政课"的本质属性和功能，没有把握好"大思政课"的外延和边界。还有的地方和学校将"大思政课"泛化和虚化，将"大思政课"简单化和形式化，将"大思政课"偏离和曲解。

"大思政课"建设的保障措施不够完善，这是当前高校思想政治理论课程建设中的一个问题。一些地方和学校对"大思政课"建设的投入不足。一是在人力资源投入方面，有的地方和学校缺乏足够的思政课教师，导致教师队伍数量不足，无法满足教学需求；二是还存在教师结构不合理的问题，缺乏具有高学历、高职称的优秀思政课教师；三是在物力和财力投入方面，由于受限于预算和资源分配等问题，一些地方和学校无法为思政课程建设提供充足的教学设备、教学资源和学生活动经费，制约了教学质量和效果的提升。

此外，高校对思政课教学评价的重视程度也有待提高。现有的思政课教学评价体系往往只关注学生的知识掌握程度，忽视思政课的育人功能，评价方法单一，缺乏多样化的评价方式和指标，无法全面评估学生的思想政治成长和能力发展。同时，评价结果的反馈机制还不够健全，无法对教学质量和效果进行及时调整和改进。

3. 创新能力有待加强

"大思政课"建设的创新能力有待加强是当前高校思想政治理论课程建设中的突出问题。一些地方和学校在"大思政课"建设的过程中，缺乏创新意识和创新精神，教育教学内容、方法和形式相对单一和僵化。这使思政课程缺乏吸引力，学生对课程的兴趣和热情不高。

此外，一些地方和学校在教育教学实践中缺乏创新能力和创新方法，存在跟风模仿和盲目照搬的现象。他们没有深入思考、研究和探索，对新时代的思政课教育教学方法和手段没有进行创新尝试，导致教学效果和质量无法得到显著提升。

另外，一些地方和学校缺乏创新机制和创新平台，缺乏开展开放式思政课、动员社会各方力量和资源的意识和能力。现有的教育体制和管理制度不够完善，创新教育教学方法和手段的需求和探索受到制约。根据笔者的观察，不同级别和类型的学校动员社会力量和资源的能力区别很大，如重点高校、普通高校、职业院校在这方面的区别就很大，但是由于不同类型学校的办学定位不同，所以找到最合适本校的办学模式才是最重要的，不需要进行纵向对比。针对不同的生源、不同基础和动手能力的学生，承担育人职责的教师面临着更严峻的挑战和更高的要求。如何做到因专业施教、因材施教，对任课教师提出了高标准和严要求。

为了提升"大思政课"建设的创新能力，地方和学校需要加强创新意识的培养，注重教师和学生的创新能力和素养的培养。教师应该积极探索新的教育教学方法和手段，注重教学内容的多样化和个性化，增强课堂的互动性和参与度。学校应该提供创新机制和创新平台，鼓励教师开展教学研究并进行实践探索，支持教师和学生的创新项目和创业实践。教育部门也应该加强对"大思政课"建设的指导和支持，破除行政管理和评价机制上的制约，增大对思政课程的资源投入和支持力度，为教师和学生提高创新能力提供坚实的保障。

总之，提升"大思政课"建设的创新能力是当前的重要任务。通过加强创新意识的培养、推动教师和学生开展创新实践以及打造创新机制和平台，能够促进思政课程的质量和效果的提升，为培养有民族复兴使命的时代新人做出积极贡献。

二、大中小学思政课一体化建设亟须深化

大中小学思政课一体化建设是指在教育部党组的领导下，协调推进不同学段思政课的各方面发展，形成具有四个特点的思政课程体系，以更好地实现立德树人的根本任务。大中小学思政课一体化建设亟须深化，主要有以下三个方面的原因。

第一，是要适应新时代党和国家事业发展的需要。习近平总书记强调，要把思想政治理论课作为立德树人的关键课程和关键环节。大中小学思政课一体化建设是贯彻落实习近平总书记重要讲话精神和党中央关于深化新时代学校思想政治理论课改革创新的若干意见的重要举措，是加强和改进学校思政课建设工作的必然要求，是培养担当民族复兴大任的时代新人的重要保障。

第二，是要满足新时代学生思想成长和道德发展的需要。大中小学生处于不同的身心发展阶段，需要有针对性地进行思想政治教育。大中小学思政课一体化建设要遵循各学段学生身心发展规律和思想道德发展趋势，小学阶段重在启蒙道德情感，初中阶段重在打牢思想基础，高中阶段重在提升政治素养，大学阶段重在增强使命担当，要按照"从浅入深、由易到难、循序渐进"的原则，设置合理的课程目标、内容、结构和活动方式，实现思政课程内容的连贯性和衔接性，形

成一个完整的思想道德教育过程。

第三，是促进新时代思政课教师队伍建设和专业发展的需要。大中小学思政课的教师是立德树人的主体力量，也是思政课一体化建设的重要参与者。大中小学思政课一体化建设要加强思政课教师队伍建设和对思政教师专业发展的指导和支持，提高他们的素质、能力和创新意识。大中小学思政课一体化建设要突破各个学段各管一摊的短视心理，建立跨学段交流研讨机制，组织各种活动，促进各级各类思政课教师之间的相互借鉴、相互促进、相互提高。

三、课程思政存在"硬融入""表面化"现象

课程思政是指在各类课程中融入思想政治教育的内容，以增强学生的思想道德素养和社会责任感，实现立德树人的根本任务。课程思政是"大思政课"建设的重要组成部分，也是推动思想政治教育创新发展的有效途径。课程思政不是"课程"与"思政"简单的相加，而是一种化学反应，要将二者有机融合，发挥出"1+1>2"的效果。这种融合需要教师对课程内容和思政元素进行深入挖掘，寻找合适的切入点，使思政教育自然地融入课程中，而不是生硬地插入。专业课教师要用心设计、精心组织，通过深入挖掘课程中的思政元素，将专业知识与价值引领有机融合，发挥出专业课程的育人功能，从而培养德才兼备的高素质人才。

然而，当前课程思政建设还存在一些问题，主要表现为"硬融入"和"表面化"两个方面。具体而言，"硬融入"是指在一些非思政课程中，不顾学科特点和学生需求，生硬地插入一些与课程内容无关或关联性不强的思想政治教育内容，导致课程思政缺乏针对性和有效性，甚至引起学生的反感和抵触。例如，在数学、物理、化学等自然科学课程中，过分强调国家战略、社会主义核心价值观等内容，而忽视培养学生的科学素养和探索精神。笔者曾观摩过一位体育教师的专业课，她在融入思政元素的讲解时，是先把专业课程讲完，然后说"咱们接下来融入一下，学一段习近平总书记的讲话"。这样的课程思政不仅不一定能讲深讲活专业课，也没有自然地融入思政元素。

"表面化"是指在一些非思政课程中，教师只是简单地附加一些形式化的思想政治教育内容，没有深入挖掘课程内涵和价值取向，没有结合实际情况和时代特征进行创新设计和教学实施，导致课程思政缺乏深度和广度，难以达到预期效果。例如，在文学、历史、哲学等人文社会科学课程中，教师只是机械地重复一些思想政治概念、原则、规律等内容，而没有充分展示中华优秀传统文化的魅力、中国共产党的奋斗历程和伟大成就、马克思主义的真理力量和实践价值等内容。

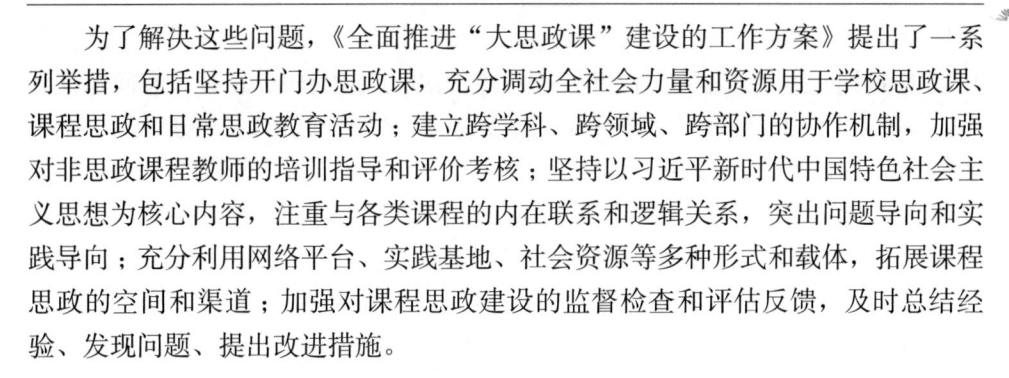

为了解决这些问题，《全面推进"大思政课"建设的工作方案》提出了一系列举措，包括坚持开门办思政课，充分调动全社会力量和资源用于学校思政课、课程思政和日常思政教育活动；建立跨学科、跨领域、跨部门的协作机制，加强对非思政课程教师的培训指导和评价考核；坚持以习近平新时代中国特色社会主义思想为核心内容，注重与各类课程的内在联系和逻辑关系，突出问题导向和实践导向；充分利用网络平台、实践基地、社会资源等多种形式和载体，拓展课程思政的空间和渠道；加强对课程思政建设的监督检查和评估反馈，及时总结经验、发现问题、提出改进措施。

四、大学生主体性和内生动力不足

大学生主体性是指大学生在学习过程中主动参与、积极探究、自主创新的能力和意愿，是学生的内在动力和价值追求。学生主体性是教育的本质要求，也是教育的最终目标。然而，当前我国高校大学生的主体性和内生动力不足，表现为以下三个方面。

第一，缺乏自我认知和自我管理能力。在与大学生接触和交流的过程中，笔者发现部分大学生在自我认知和自我管理方面存在严重不足。他们对自己的兴趣、特长和优势缺乏一个清晰的认识，对自己的职业规划和人生目标更是感到迷茫。由于缺乏明确的目标，这些学生往往缺乏主动性和责任感，无法有效地安排时间、制定计划并调节情绪。这种情况在课程学习过程中就已经表现得十分明显。很多大学生无法有效地管理自己的学习时间，也有个别人沉迷于网络游戏、短视频、购物网站等，导致学习效率低下，成绩不理想。而这种情况又容易引发各种心理压力，使他们对自己的能力产生怀疑，进一步影响他们的学习和生活。除此之外，一些大学生还存在社交能力的缺陷。他们往往不知道如何与他人进行有效的沟通和交流，导致在社交场合表现得过于生硬或拘谨。这种情况也会影响到他们的个人发展和未来的职业发展。因此，对于大学生来说，提高自我认知和自我管理能力是非常重要的。他们需要清晰地认识到自己的兴趣、特长和优势，制定出符合自己实际情况的职业规划和人生目标，并学会有效地安排时间、制定计划、调节情绪。只有这样，他们才能够在未来的学习和生活中更好地应对各种挑战和困难。

第二，缺乏创新思维和创新能力。一些大学生在知识的获取和运用上，往往只停留在表面，而没有进行深入思考和探索，更没有形成自己的见解和观点。这主要表现在以下三个方面：一是对于新事物、新问题，一些大学生缺乏好奇心和求知欲。面对挑战和困难，他们往往选择逃避，缺乏勇气和信心。在尝试新方法、新领域、新方向时，他们常常犹豫不决，不敢迈出第一步。二是由于长期接受传统教育，一些大学生的思维已经僵化。他们往往墨守成规，不善于从不同的角度去思考问题，加之AI的出现，使学生的思考过程被AI代替。有问题找度娘，写东西用AI，已经是大学生中的常见现象。网络的盛行和快速发展，使学生能够轻易在网上搜索到需要的信息和答案，而且碎片化阅读和充斥网络的短视频使学生已经习惯了"短平快"的浏览方式，深度阅读和深入思考的能力逐渐被削弱。三是由于缺乏实践经验和对新知识的掌握，一些大学生较缺乏创新能力，他们习惯了被推着走，习惯了接受老师的指令，往往不能灵活运用所学知识解决实际问题，更无法做到推陈出新。任课教师要引导他们培养独立思考的能力，鼓励他们勇于尝试新方法、新领域、新方向。同时，高校也需要改变传统教育模式，引入更多创新教育元素，并且要鼓励学生做积极的学习者、研究者，而不是网络芜杂信息的被动接受者。

第三，缺乏社会责任感和社会参与意识。一是一些大学生只关心自己的学业和未来职业发展，而对于社会热点问题、国家政策等缺乏深入的了解和关注。这可能会导致他们在面对社会问题时缺乏深刻的思考和判断，无法做出正确的决策和行动。二是部分大学生对社会实践活动缺乏兴趣和热情。他们更愿意在校园里度过自己的时间，而不愿意参与社会实践活动，如志愿者活动、社区服务等。这可能会导致他们缺乏实践经验和社会适应能力，无法有效地融入社会。三是一些大学生对社会公益事业缺乏支持和贡献。他们认为公益事业与自己无关，或者认为自己的贡献微不足道。这可能会导致他们在面对社会问题时缺乏责任感和行动力，无法为社会做出积极的贡献。四是一些大学生对社会问题缺乏批判性思考和建设性建议。他们只是接受与社会问题有关的既定事实和观点，而不去思考这些问题的根源和解决方案。这可能会导致他们在面对社会问题时缺乏思考的深度和广度，无法提出有建设性的建议和意见。

五、学校部门与社会各层面联动协作不足

根据《全面推进"大思政课"建设的工作方案》，要实现"大思政课"建设的目标，需要形成党委统一领导、党政齐抓共管、有关部门各负其责、全社会协同配合的工作格局。然而，目前"大思政课"建设仍存在一些问题，对"大思政课"建设的质量和效果产生了负面影响。

首先，一些学校部门之间缺乏有效的沟通和协调。在"大思政课"建设过程中，各学校内部的教育教学部门、学生工作部门、党建工作部门等之间缺乏密切的合作和互动。这导致教学内容和教学方法的不统一，影响学生的学习和思想政治教育的质量。这是最现实也最难解决的问题。所谓的党委统一领导、党政齐抓共管，很多院校并不能落到实处，繁多的具体工作、具体事务往往会冲淡对思政

工作的领导和关注，因而容易使思政工作流于形式和止于应付。各职能部门既要着眼于本部门工作，也要更多关注部门之间的协调和配合，因而为了保证"大思政课"建设的有效实施，是需要学校各层级各部门通力合作的。

其次，一些学校与家庭之间缺乏有效的联系。学校作为重要的教育场所，应与家庭建立良好的合作关系，实现学校和家庭的互动和配合。然而，现实中学校与家庭之间存在着沟通不畅、信息不对称等问题，难以有效地促进学生的全面发展和思想政治教育的开展。由于家校之间的空间距离一般较远，也由于高校辅导员往往同时管理多个班的学生，因而进行家校联系并不是普遍和可行的做法。家校联系的效果取决于班主任或辅导员的工作态度，繁重的学生管理事务使他们只能更多关注有一定心理问题或者其他问题的学生。同时需要指出的是，由于学生的家庭教育环境和个人性格特点不同，部分新入校的大学生的心理问题、人际交往问题突出。家长并不能指望家庭教育了18年的学生来到学校就能解决所有问题，所以，家长不能全盘放手，而是应该家校协力做好对学生的指导和关怀工作。

最后，一些学校与社会实践基地之间缺乏长效合作。社会实践基地是学生接受思政课教育的重要场所，学校应该与之建立良好的合作关系，为学生的实践活动提供支持和资源。然而，目前一些学校与社会实践基地之间存在合作不稳定、项目归属不清等问题，限制了学生的实践能力培养和思想政治素养的提升。社会实践基地通常会作为职业院校考核的重要指标，也是普通高校提升学生职业素养、应对未来就业问题的重要举措，因而如果设立的实践基地只是限于签协议挂牌而不在进一步合作方面多下功夫或者不做长久的战略合作规划，则会在效果方面大打折扣。

第三节 对策与建议

一、提高对"大思政课"建设的重视程度

总的来看，高校需要切实增强对"大思政课"的重视程度，全面深化思政课的改革和建设，将其纳入重大政治任务的范畴，加大对思政课的资源投入和支持。所谓"重大政治任务"，即是指一要坚持正确的政治方向。高校作为培养人才的重要阵地，必须始终坚持正确的政治方向，确保思政课建设的正确方向。在"大思政课"建设中，高校需要深入贯彻落实党的教育方针，把握好意识形态的主导权，强化思政课的政治引领作用。二要服务国家发展战略。高校应该将"大思政课"建设与国家发展战略紧密结合，为国家发展提供人才支持和智力保障。

高校应该充分认识到"大思政课"建设的重要性和必要性，将其纳入学校整体发展规划，注重学生的全面发展，强调思政课与其他学科的交叉融合，推动全员全过程全方位育人。

从高校的角度看，对"大思政课"建设的重视应该落到实处，可以从加强师资队伍建设、创新教学方法和手段、丰富教学资源、建立健全评价体系等方面做出系列努力。

首先，加强师资队伍建设，高校应该加强思政课教师队伍建设，引进高层次人才，提高教师的专业素养和教学水平，鼓励教师开展教学研究、交流和培训，建立一支具有较强学术水平和教学能力的优秀教师团队。

其次，创新教学方法和手段。高校应该积极探索适合"大思政课"建设的教学方法和手段，充分利用现代化信息技术手段，推进混合式教学、案例式教学等教学方法的改革，增强思政课的互动性和实效性，激发学生的学习兴趣和主动性。

再次，丰富教学资源。高校应该积极开发、整合、利用各种教学资源，包括校内外的优秀课程、案例、实践基地等，建立完善的思政课教学资源库，为学生提供更加丰富多元的学习资源。

最后，建立健全评价体系。高校应该建立健全的"大思政课"评价体系，制定科学合理的评价标准和方法，注重过程评价和结果评价的有机结合，及时反馈评价结果，以促进教学质量和效果的不断提升。

同时，要积极推进思政课内容的创新，注重引导学生进行思考和讨论，开展实践活动，使思政课变得生动有趣、富有启发性，这样才能够确保"大思政课"建设取得真正的成果，为培养具有民族复兴使命感的时代新人做出贡献。

二、深化大中小学思政课一体化建设

深化大中小学思政课一体化建设，是为了进一步强化思想政治教育的全过程、全方位、全覆盖。

大中小学思政课一体化建设旨在形成教育体系内部的衔接和有机结合。通过共同确定思政课的核心内容、教学目标和评价体系，各个层次的思政课可以相互衔接和推进，形成阶段性的思想政治教育链条。这有利于学生在学习过程中形成更为完整和系统的思政课知识体系，提高他们的思想道德素养和综合素质。

大中小学思政课一体化建设意味着思政课教育要贯穿于学生的整个学习周期。无论处在哪个教育阶段，思政课都应该成为学生学习生活的重要组成部分。这样不仅可以加强对学生的德育引导和思想教育，还能够帮助他们形成正确的人生观、价值观和世界观，为他们未来的发展奠定坚实的思想基础。

1. 大中小学思政课一体化建设现状

目前，我国正在积极推进大中小学思政课一体化建设，并已取得显著的成果。例如，很多地区已经开始实施新课程标准，将思政课程与社会主义核心价值观相结合，通过多样化的课程设置来培养学生的综合素质。同时，各地也加强对思政课教师队伍的培训和选拔，以提高教师的专业素养和教学能力。

多省通过举办思政课教师教学大赛，选拔出一批优秀的思政课教师，并组织他们进行交流和研讨，共同探索思政课教学的新方法和新思路。这不仅提高了教师的教学水平，也激发了学生学习思政课的热情和兴趣。

2. 大中小学思政课一体化建设中存在的问题

在思想观念上，一些学校过于注重学术成绩和升学率，而忽视对学生思想道德教育的培养。例如，在某些学校中，思政课被边缘化，课时被削减或用于其他学科的教学，导致学生缺乏对思政课程的重要性的认识，这在部分小学和初中学校比较明显。

课程教材存在知识点重复和衔接不畅的问题。比如，初中和高中的思政教材都涉及社会主义核心价值观的内容，但在教材编写和课程设置上缺乏统筹规划，导致学生在不同阶段重复学习相同的知识点，无法形成系统的知识体系。

从师资队伍上来看，一些学校的思政课教师是由其他学科老师兼任的，缺乏思政教育的专业素养和实践经验。例如，笔者所在城市的某所小学，由于思政课教师缺编，只能由语文老师兼任思政课教学，这在一定程度上影响了思政课的教学质量和效果。

在教学方式上，尽管数字化和智能化技术在教学领域得到广泛应用，但在思政课教学中仍存在应用不深入的现象。例如，一些学校的思政课仍然停留在传统的讲授方式上，缺乏互动和实践环节，导致学生无法深入理解和体验思政教育的内涵。同时，适合中小学生的网络思政教育资源和平台也相对较少，无法满足学生的学习需求。

3. 采取积极举措，实现大中小学一体化贯通

实现大中小学思政课一体化贯通是一个系统工程，需要在教材编写、师资培训和交流等多个方面采取积极举措。

在教材编写方面，要制定一体化教材规划，根据大中小学不同学段的学生的认知水平和思维特点，统筹规划思政课教材内容，确保各学段教材之间的衔接性和递进性。融入时代元素，在教材中加入与时代发展密切相关的话题和案例，使学生能够更好地理解思政课的现实意义。注重实践性，在教材中增加实践环节，引导学生通过实践活动来加深对思政知识的理解。

在师资培训方面，定期举办思政课教师培训，提高教师的专业素养和教学

能力，确保他们能够适应不同学段的教学需求。近年来，由于全国从上到下对思政课程表现出极大的重视，各级各类培训项目也大大增加，其中有很多是质量很高的国培项目，也有区域性的执教能力提升项目，如教育厅组织、社会机构组织等，教师如何在培训和教学及其他任务间寻求平衡也是需要考虑的问题。

搭建思政课教师之间的交流平台，定期组织大中小学思政课教学研讨会，就思政课的教学方法、教学内容等进行深入探讨和交流。同时，鼓励不同学校之间开展思政课教学的校际合作，共享教学资源，共同提高教学质量。还可以建立思政课教学资源库和在线交流平台，方便教师随时获取教学资源和进行教学经验分享。

综上所述，通过教材编写、师资培训和交流等方面的积极举措，可以有效地实现大中小学思政课一体化贯通。这些措施有助于提高思政课的教学质量，培养学生的思政素养，促进他们的全面发展。

三、改进课程思政的方法和路径

思政课程与课程思政同属于高校思政"生态圈"。就本质而言，思政课程是高校为实现思政教育目标而专门开设的一系列课程，具有鲜明的政治属性，属于"具体的显性课程"。课程思政则将社会主义核心价值观、政治观点和道德规范有机融入专业课程教学中，属于隐性教育。高校专业课教师应根据学科属性和教学需要，有针对性地将政治观念、国家认同、文化素养、法治意识与道德修养等融入专业教学中，帮助大学生树立正确的世界观、人生观与价值观，履行传播知识、传播思想、传播真理、塑造灵魂、塑造生命、塑造新人的时代重任。实施课程思政的方法路径建议如下。

1. 确定思政目标

明确课程思政的目标，包括培养学生的社会主义核心价值观、职业道德、人文素养等方面。但是针对不同的学科和不同的课程，思政目标应该有所侧重，生硬地融入反而会影响教学效果。理学、工学类专业的课程思政目标应侧重提高学生正确认识问题、分析问题和解决问题的能力。农学类专业的课程思政目标应侧重增强学生服务农业农村现代化、服务乡村全面振兴的使命感和责任感，培养知农爱农的创新人才。艺术学类专业的课程思政目标应侧重引导学生自觉传承和弘扬中华优秀传统文化，全面提高学生的审美和人文素养，增强文化自信。

2. 融入思政元素

可以通过案例分析、讨论、角色扮演等方式将思政元素融入专业课程中，这既能让学生学习专业知识，也能让学生接触到思政教育。以上述三种专业为例，

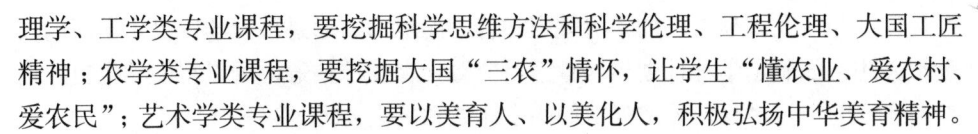

理学、工学类专业课程，要挖掘科学思维方法和科学伦理、工程伦理、大国工匠精神；农学类专业课程，要挖掘大国"三农"情怀，让学生"懂农业、爱农村、爱农民"；艺术学类专业课程，要以美育人、以美化人，积极弘扬中华美育精神。

3. 教师是全面推进课程思政建设的关键

要加强教师课程思政能力建设，建立健全优质资源共享机制，支持各地各高校搭建课程思政建设交流平台，分区域、分学科专业领域开展经常性的典型经验交流、现场教学观摩、教师教学培训等活动，充分利用现代信息技术手段，促进优质资源在各区域、层次、类型的高校间共享共用。依托高校教师网络培训中心、教师教学发展中心等，深入开展马克思主义政治经济学、马克思主义新闻观、中国特色社会主义法治理论、法律职业伦理、工程伦理、医学人文教育等专题培训。鼓励支持思政课教师与专业课教师合作教学教研，鼓励支持院士、"长江学者""杰青"、国家级教学名师等带头开展课程思政建设。

通过以上路径，可以将思政教育有机地融入课程中，实现知识传授与价值引领的有机统一。同时，需要不断探索和创新，以适应时代发展的需要。

四、增强大学生主体性的内生动力

大学生主体性的内生动力主要源于大学生对自我发展的渴望和追求，以及实现自身价值的需要。它体现出大学生的独立性、能动性和创造性，这是推动大学生在学习、生活、社交等各个方面积极进取、不断创新的重要力量。大学生主体性的内生动力包括需要因素、动机因素、兴趣因素、理想信念因素等。

需要因素是大学生主体性内生动力的基础，包括对自身知识、技能提升的需要，对实现自我价值的需要等。这些需要激发了大学生的积极性和创造性，促使他们不断地学习和进步。动机因素是推动大学生行动的内部力量，它引导大学生设定明确的目标，并驱使他们努力实现这些目标。动机的强弱直接影响大学生的行动积极性和持久性。兴趣因素是指大学生对特定事物或活动的喜好和热爱，它能激发大学生的探索欲望和创新精神。当大学生对某一领域产生浓厚兴趣时，他们会更加投入地进行学习和实践。理想信念因素是大学生的精神支柱和价值观基础，它们调节着大学生的认知和行为过程。坚定的信念和理想能够激励大学生克服困难、勇往直前。

增强大学生内生动力首先要提升大学生的自我效能感。自我效能感是指学生对自己能够成功完成某项任务或达到某个目标的信念和信心。通过为学生提供通往成功的机会和经验，帮助他们建立自信心，从而增强他们的主体性和内生动力。

其次，要培养学生的自主学习能力。自主学习能力是指学生能够自我监控、自我管理和自我调整自己的学习过程和行为的能力。通过传授学生自主学习的技巧和方法，如制定学习计划、寻找学习资源、自我评估等，可以帮助学生更好地掌控自己的学习过程，并增强他们的主体性和内生动力。

再次，要激发大学生的学习动力。学习动力是指学生为了达到某个目标或满足某种需求而进行学习的动力。通过了解学生的学习需求和兴趣，营造积极的学习环境和氛围，提供有趣且富有挑战性的学习任务，可以激发学生的内生动力，并增强他们的主体性。

最后，培养大学生的责任感和义务感。责任感和义务感是指学生认识到自己的责任和义务，并承担相应的责任和义务。通过传授学生关于社会责任和义务的知识，鼓励他们参与社会实践和志愿者活动，培养他们的社会责任感和义务感。从教师的角度来讲，建立良好的师生关系也很重要。良好的师生关系可以增强学生对教师的信任和尊重，提高学生学习的积极性和主动性，从而增强他们的主体性和内生动力。

五、加强学校各部门与社会各层面的联动协作

为了提升"大思政课"建设的质量和效果，解决与党委统一领导、党政齐抓共管、有关部门各负其责、全社会协同配合的工作格局相关的问题，学校内部应加强各部门之间的沟通与协调，形成合力，确保教学内容和方法的一致性。在实际工作中，各部门要做到协同联动并不容易。由于各部门都有各自的工作，学校也有相应的考核，因而如果没有对"大思政课"建设的参与度和贡献度进行考核，没有从学校党政层面进行齐抓共管和协调推动，"大思政课"建设就难以取得实效。

学校与家庭应加强互动与合作，鼓励家庭参与学生的思政教育，形成教育共同体。在中国的教育体系中，学段越低，家校联系越紧密。大学阶段，家校联系是相对松散的，辅导员难以做到了解所有学生的家庭情况，更别提进行家校联动。家校联系松散也是有些大学生容易出现轻生事故的原因之一。高校应建立定期沟通机制，定期举行家长会，或者通过电话、电子邮件等方式与家长保持联系。这样可以确保信息的及时传递，让家长了解学生的在校情况，同时也可以让辅导员了解学生在家庭中的表现和变化。

高校要与社会实践基地建立长期稳定的合作关系，充分利用社会资源，为学生提供实践机会。社会实践基地的设立不能流于形式，也不能只是满足于签订合同而不谋求长远的合作。如何让实践基地的设立落到实处，取得实效，真正成为学生校外实践的基地和接受思政教育的场所，甚至在项目、人员等方面开展合作与交流，是需要通盘考虑的问题。

无论是校内各部门的协调,还是高校与实践基地的合作,都需要配置专业联络员,并加强对联络员的培训和考核,提高其沟通协调和合作能力,为"大思政课"建设提供人才保障。

第四章　"大思政课"我们要善用之

"要用好课堂教学这个主渠道，思想政治理论课要坚持在改进中加强。"

在大中小学循序渐进、螺旋上升地开设思政课非常必要，是培养一代又一代社会主义建设者和接班人的重要保障。人的成长、成熟、成才不是一蹴而就的，而是一个渐进的过程，就跟人的生理发育一样，所以要把这几个阶段都铺陈好。[1]

——2019年3月18日，习近平总书记在学校思想政治理论课教师座谈会上的讲话

---

[1] 习近平：《用新时代中国特色社会主义思想铸魂育人 贯彻党的教育方针落实立德树人根本任务》，《人民日报》2019年3月19日，第1版。

第一节　善用"大思政课"的主要依据

"'大思政课'我们要善用之，一定要跟现实结合起来"。要将"小课堂"与"大时代"生动连接，让青春脉搏与新时代同频共振。为了丰富思政课的内涵，我们应当善用"大思政课"的概念。

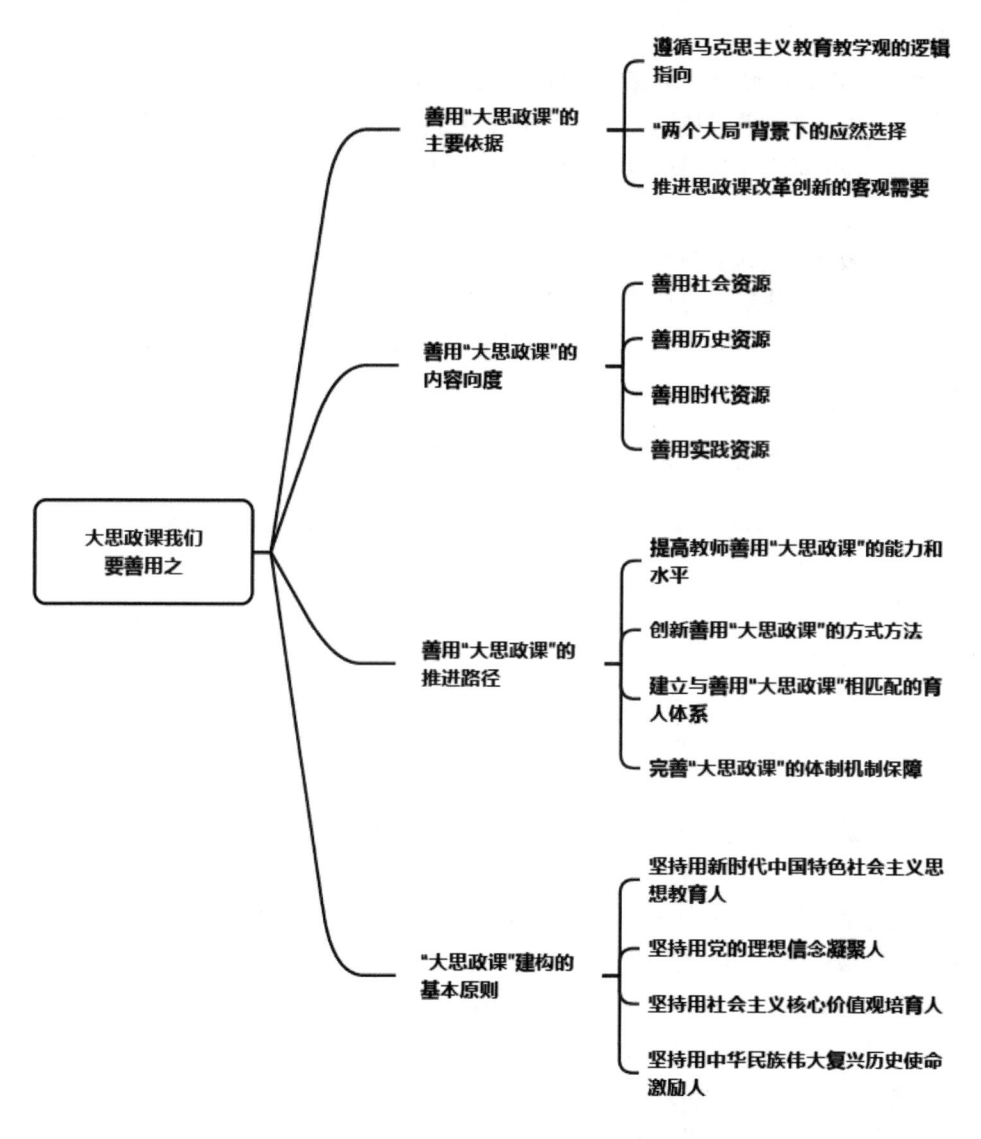

大思政课我们要善用之
- 善用"大思政课"的主要依据
  - 遵循马克思主义教育教学观的逻辑指向
  - "两个大局"背景下的应然选择
  - 推进思政课改革创新的客观需要
- 善用"大思政课"的内容向度
  - 善用社会资源
  - 善用历史资源
  - 善用时代资源
  - 善用实践资源
- 善用"大思政课"的推进路径
  - 提高教师善用"大思政课"的能力和水平
  - 创新善用"大思政课"的方式方法
  - 建立与善用"大思政课"相匹配的育人体系
  - 完善"大思政课"的体制机制保障
- "大思政课"建构的基本原则
  - 坚持用新时代中国特色社会主义思想教育人
  - 坚持用党的理想信念凝聚人
  - 坚持用社会主义核心价值观培育人
  - 坚持用中华民族伟大复兴历史使命激励人

图 4-1　善用"大思政课"的主要依据

一、遵循马克思主义教育教学观的逻辑指向

马克思主义教育教学观的逻辑强调将教学与学生实际联系起来，注重学生的全面发展和发挥学生的能动性，要求教育活动应该贴近学生的生活经验和现实需求，激发他们的创造力和自主学习能力。

在积极倡导建设"大思政课"的背景下，这一理念得到了更深入的践行。"大思政课"不仅仅是传统意义上的政治课程，而是通过整合各个领域的思想政治教育素材，将社会资源、历史资源、时代资源和实践资源融入课程设计中。它超越了传统学科的界限，为学生提供了更丰富的学习内容和实践机会。

"大思政课"致力于培养学生的思辨能力和创新能力。通过剖析现实问题，激发学生的思考，并鼓励他们运用所学知识和技能，积极参与社会实践。这种课程设计能够增强学生对社会现实和时代发展的认识，提高他们的综合素质和适应能力。

遵循马克思主义教育教学观的逻辑指向，引入"大思政课"符合培养学生全面发展和发挥学生能动性的要求。通过将教学与学生联系起来，并提供丰富的思想政治教育素材，"大思政课"能为学生的思辨能力和创新能力的培养提供有力支持。

二、"两个大局"背景下的应然选择

当下，"两个大局"指的是实现中华民族伟大复兴的战略全局和世界百年未有之大变局。在这一背景下，善用"大思政课"对高校教育的改革和发展具有重要意义。

1. 实现中华民族伟大复兴是中国人民的共同理想和奋斗目标

思政课是高校教育的重要组成部分，高校应当将培养学生的爱国主义情怀、民族自信和社会责任感作为重要任务。学生可以通过"大思政课"深入挖掘和传承中华民族的优秀传统文化，加强对中国特色社会主义道路、制度和理论的学习与理解，激发学生为实现中华民族伟大复兴而努力奋斗的热情和动力。

2. 我国在世界百年未有之大变局中面临全新的挑战和机遇

随着全球化进程的加速和国际格局的深刻演变，我国面临着经济、科技、文化等多领域的竞争与合作。"大思政课"通过引入社会资源、历史资源、实践资源等多元化的教育资源，为学生提供了更广阔的视野和思考框架。通过深入研究国际形势、全球治理和跨文化交流，学生可以增强对世界发展趋势的把握，培养跨文化沟通能力和国际竞争意识，为积极参与全球事务做准备。

3. 善用"大思政课"还能够加强高校思政课程的吸引力和实效性

传统的思政课往往理论性较强、内容相对抽象，容易让学生感到疏离和缺乏

兴趣。改革和探索"大思政课",可以使用案例教学、社会调研、团队项目等多样化教学手段,增强学生的参与性和体验性。这不仅有利于激发学生的学习热情和主动性,还能够提升思政课的实效性和实用性,更好地满足学生的综合素质培养需求。

综上所述,善用"大思政课"对于推进高校思政课程的改革和创新具有重要意义。在实现中华民族伟大复兴的战略全局和世界百年未有之大变局的背景下,通过深入挖掘资源、引入多元化教学手段和拓展国际视野,高校能够更好地培养学生的爱国情怀、创新精神和全球视野,为他们成长为具有担当精神和责任感的时代新人提供坚实支撑。

三、推进思政课改革创新的客观需要

在当前的社会背景下,推进思政课改革创新是迫切需要的。随着科技进步、社会变革和全球化发展的加速,高校思政课程需要适应新时代发展的要求,更好地培养学生的综合素质和社会责任感。

1. 社会转型对思政课的改革提出新要求

中国社会在传统农业社会向现代工业社会的转型过程中,在经济、文化、价值观等方面发生了巨大变化。因此,思政课需要关注当代社会问题和热点话题,引导学生理解社会发展趋势、把握社会变革规律,并培养他们的创新精神和批判思维。通过实践活动和案例分析,学生可以深入了解社会问题的本质和解决方法,为未来的社会发展做出积极贡献。

2. 知识爆炸时代对思政课的更新提出挑战

信息技术的快速发展使各种知识和观点都可以被轻松获取,传统的教师讲授模式已不再能满足学生的学习需求。因此,思政课需要采用更加灵活多样的教学方法和手段,例如线上讲座、互动讨论、实践项目等,以激发学生的主动性和创造力。同时,思政课还需要注重培养学生的信息素养和批判思维,使他们能够辨别真伪、理性思考,并将所学知识运用到实际问题的解决中。

3. 全球化背景下的交流合作对思政课的开放与多元提出了要求

全球化进程使国际交流与合作变得更加频繁,国际视野和跨文化交流能力成为当代大学生必备的素质。在思政课中,教师可以融入国际事务和全球治理的内容,培养学生的跨文化沟通能力、国际竞争意识和全球责任感。通过国际学术交流、海外实习等方式,学生可以增加对国际社会的了解,拓宽自己的眼界,并为将来在国际舞台上发挥自己的作用做好准备。

4. 个体成长的多元需求对思政课的个性化发展提出要求

每个学生都是独特的个体,有不同的兴趣、志向和特长。因此,思政课应该

提供多元化的课程选择和教学方式，以满足学生的个性化需求。例如，可以开设专题讨论班、社会实践项目、创新创业课程等，让学生根据自己的兴趣和专业背景进行选修，并在实践中发展自己的潜能。这样的个性化发展有助于激发学生的学习兴趣和动力，提高他们的学习效果和综合素质。

总之，推进思政课改革创新是适应时代发展和满足学生个体成长需求的客观需要。在当前的社会背景下，高校思政课程需要更加贴近学生的实际需求，注重培养学生的创新精神、实践能力和综合素养。

第二节　善用"大思政课"的内容向度

"大思政课"集合课内课外、校内校外、线上线下全时空多领域的鲜活思政教育素材，构建起纵向贯穿大中小学全学段、横向贯通学校与社会全时空的思政课体系。它不仅拓宽了教学资源，还可以利用丰富的社会资源、历史资源、时代资源、实践资源，推动学生多方面素质的提升。

一、善用社会资源

"大思政课"可以通过联系社会资源，邀请专业人士、社会活动家或劳动模范、英雄人物等来校园分享他们的经验和观点。这不仅能够让学生了解社会的多样性，还能够激发他们积极参与社会事务的热情。另外，组织学生参加社会实践活动也是善用社会资源的重要方式，通过参观企事业单位、参与志愿者活动等，学生可以亲身体验社会的挑战和机遇，培养他们的社会观察力和独立思考能力。

1. 邀请专家学者和社会名人授课

专家学者和社会名人通常在其领域有着深入的研究和丰富的实践经验。他们可以为学生提供更广阔的知识视野，帮助学生了解和掌握前沿的专业知识和理论。他们的独特见解和经验可以激发学生的学习兴趣和热情，增强学生对所学专业的认同感和投入度。社会名人可以通过他们的成就和言行激励学生承担社会责任，引导学生树立积极向上的人生态度和价值观，增强学生的社会责任感。同时，邀请专家学者和社会名人来授课或开办讲座，可以丰富校园文化，提升学校的知名度和影响力。这样的活动也有助于提升学生的综合素质和拓展学生的国际视野。通过借鉴他们的职业经验和成功路径，大学生也能更好地规划自己的未来发展。

2. 利用社会实践资源

社会实践是培养学生社会责任感和实践能力的重要途径。高校或者二级学院可以与社会组织、企业或机构合作，为学生提供参与社区服务、公益活动、文化交流等实践机会。这将帮助学生更好地了解社会现实，感受社会发展的脉搏，并将习近平新时代中国特色社会主义思想贯穿于实际行动中。文化和旅游部、中央文明办印发的《2021年文化和旅游志愿服务工作方案》中提到，以庆祝中国共产党成立100周年为主题，推动志愿服务在弘扬革命精神、促进民族团结、推进乡村振兴、助力经济复苏、建设新时代文明实践中心、推动公共文化设施学雷锋活动和景区文明旅游中发挥积极作用。大学生志愿者已经成为参与社会实践、利用社会实践资源的重要群体。组织学生参与实践活动有助于培养他们的综合能力和创新精神。志愿服务、社会调研、社区访谈、公益项目等实践活动为学生提供了实际应用和解决问题的机会。通过参与这些活动，学生可以把理论与实践相结合，将课堂上学到的知识应用到实际情境中，培养解决问题的能力和创新思维。

3. 拓宽教材资源

广泛应用社会资源可以丰富思政课程和某些专业课程的教材内容，教学方式不仅限于传统的教科书和课堂讲解，还可以引入电影、纪录片、图书、报刊等多样化的学习资料，以生动鲜活的方式展示中国式现代化道路的历史背景、理论内涵和实践案例。这些资源能够激发学生的兴趣，促使他们更深入地思考问题，并培养他们对社会问题的敏感性和批判性思维。

例如，可以在课堂上播放与思政课主题相关的优秀电影或纪录片，通过影像的力量直观地展现社会变革、革命斗争、英雄事迹等重要事件和人物。这样的教学手段能够帮助学生更好地理解思政课程的具体内容和学习其他人文课程。丰富的图书和报刊资源也是拓宽教材资源的重要途径。通过引用经典著作、重要文献以及前沿研究成果，可以帮助学生从理论层面深入探讨思政课的相关章节内容。通过引用报刊上的时事评论、社会热点问题等，可以拉近学生与现实的距离，增强理论学习的现实针对性。

这些丰富多样的学习资源不仅能够扩展知识学习的广度和深度，更重要的是能够引发学生的思考和讨论。教师可以在播放电影或纪录片后，组织学生展开讨论，引导他们进行分析和评价，也可以布置相关的阅读任务，要求学生针对特定文章或书籍进行批判性思考并撰写观点论述。

4. 建立校外实践基地

利用社会资源，学校可以积极与企事业单位、研究机构和社会组织建立合作关系，共同打造校外实践基地。这些基地为学生提供了实际参与和体验社会工作的机会，例如参观企业、参与社区建设以及开展社会调研等活动。通过接触真实社会环境，学生将突破象牙塔的桎梏，参与社会生活，这有助于培养他们的实践能力和社会责任感。此外，校外实践基地也为企事业单位、研究机构和社会组织提供了与年轻人进行交流和合作的平台，有助于打破学校与社会之间的壁垒，搭建起一个相互支持、共同发展的桥梁,实现资源共享和互惠互利。同时,学生的创新思维和专业知识,为各个领域注入了新的活力和动力。他们的参与不仅可以为一些具体问题提供实际的解决方案,还可以为相关机构的创新和发展注入新的血液。

利用社会资源建立校外实践基地是一种双赢的合作模式。通过与企事业单位、研究机构和社会组织合作,学生能得到实际参与社会活动的机会,相关机构也能从中获得新的思维和动力。

5. 创新教学方法

利用社会资源,学校可以探索和利用具有创新性的教学方法。其中一种方式是结合社交媒体、在线平台等现代科技手段,开展线上线下结合的互动式教学活动。通过使用社交媒体平台,教师能够与学生进行实时交流、分享学习资源和展开讨论。在线平台提供了丰富的教学工具和资源,使学生可以自主学习,并与其他同学进行合作和互动。这种教学模式不仅增强了学生的参与度和学习兴趣,还提供了更灵活的学习方式,以适应现代学生的需求。新冠肺炎疫情防控期间,大中小学普遍采用线上教学平台,"钉钉""雨课堂""学习通"等竞相登场,师生互动热烈,教学效果良好。当疫情过去,线下教学恢复时,课堂互动又出现相对冷清的局面。对此,教师可以利用线上线下相结合的方式,以"翻转课堂"的形式进行师生互动并实现良好的教学效果。课前,教师应深入研究教材内容,挖掘知识本质,明确教学目标,然后可以将知识内容制作成微视频。学生根据教师发布的任务清单,在学习平台进行自主学习,并通过测试题检测自学效果。教师通过平台的反馈了解学生的学习情况,从而对课堂教学进行调整。在正式课堂上,学生先独立完成教师布置的作业,对于困惑及难题,则通过小组、师生之间讨论协作予以解决。

充分利用专家学者、社会实践、教材资源、校外实践基地和创新教学方法等社会资源,可以丰富"大思政课"的内涵并提升教学质量,学校能够提供更具活力和适应性的教育环境,为学生的全面发展打下坚实基础。

二、善用历史资源

在思政课程中,教师应该利用丰富的历史文献、书籍以及多媒体资源,传授学生历史知识和理论。通过深入了解历史事件对当今社会的影响和启示,学生可以更好地认识到历史对于人类社会发展的重要性。思政课程还应该通过分析历史中的错误和教训,培养学生正确看待历史和珍惜和平的价值观。

1. 利用历史文献

利用历史文献是思政课程中非常重要的一部分,可以帮助学生更加深入地了解历史事件和人物，并培养他们的独立思考能力和批判思维能力。利用历史文献一是要注意文献的选取，应选择与课程主题相关的历史文献，包括原始文献、历史著作、历史档案等。确保文献的准确性和可靠性，尽量选择经过权威机构或学术界认可的文献。二是要注意阅读和分析，教师要引导学生对历史文献进行细致的文献阅读和分析，包括对文献的背景、作者动机、观点和证据的理解。通过深入阅读和分析，学生可以获得更丰富的历史信息，并培养自身的批判思维。三是组织学生参与文献讨论和辩论，让他们分享自己对文献的理解和见解。通过互相交流和观点碰撞，可以引发学生深入思考，从而形成更全面的认知。四是引导学生对历史文献进行反思和评估，包括文献的局限性、观点的偏见以及对当代社会的启示。重视学生对历史文献的批判性思考和价值判断，培养他们的思辨能力和价值观念。

通过利用历史文献，思政课程可以提供更加丰富和深入的历史知识，促进学生全面发展和综合素养的提升。同时，学生也能够通过与历史文献的接触，培养批判性思维、独立思考和实证研究的能力，为未来的学习和成长打下坚实的基础。

2. 借鉴历史事件与人物

历史上的一些重要事件和杰出人物可以成为思政课程教学的宝贵资源。通过引导学生深入了解这些历史事件和人物的背景、思想和行动，可以激发他们对国史国情的兴趣和理解。学生可以通过研究历史事件和人物的经验教训，思考如何将书本的理论知识、时代精神、民族精神等应用于当今社会的现实情境中，推动社会进步和改革发展。如教师在讲纲要课程时，鸦片战争时期的林则徐和魏源，洋务运动时期的李鸿章、张之洞，维新变法时期的康有为、梁启超，辛亥革命时期的孙中山、宋教仁等都是重要代表人物，其政治理念、历史事迹都有助于了解那个时代的典型人物。上文提到的利用历史文献这一方式需要教师主导，借鉴历史人物和历史事件这一方式则完全可以发挥学生的主体作用。与历史事件和人物相关的内容相对较为具体生动，可以让学生动手查资料，并进行介绍和分享，这可以实现较好的教学效果。

3. 参观历史遗址和博物馆

利用历史资源的方式之一是组织学生参观历史遗址和博物馆。这些地方保留了丰富的历史信息和文化遗产，通过亲身体验和观察，学生可以更加直观地感受历史的厚重以及英雄人物和普通民众的历史作用。在参观过程中，教师可以进行解说和引导，帮助学生理解当时当地的重要历史事件和感人故事，激发学生的家国情怀，开阔历史视野。教育部针对高校全日制在校学生、思政课教师组织了一场别开生面的主题教育，即"新思想引领新征程·新青年建功新时代"——第七

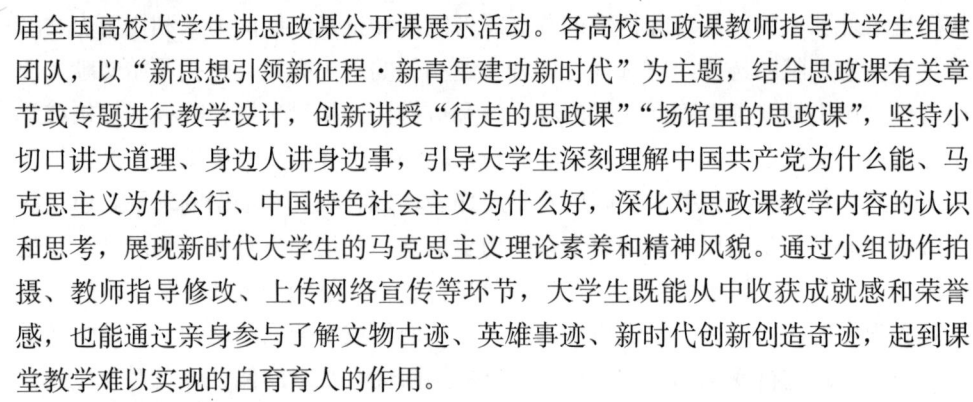

届全国高校大学生讲思政课公开课展示活动。各高校思政课教师指导大学生组建团队，以"新思想引领新征程·新青年建功新时代"为主题，结合思政课有关章节或专题进行教学设计，创新讲授"行走的思政课""场馆里的思政课"，坚持小切口讲大道理、身边人讲身边事，引导大学生深刻理解中国共产党为什么能、马克思主义为什么行、中国特色社会主义为什么好，深化对思政课教学内容的认识和思考，展现新时代大学生的马克思主义理论素养和精神风貌。通过小组协作拍摄、教师指导修改、上传网络宣传等环节，大学生既能从中收获成就感和荣誉感，也能通过亲身参与了解文物古迹、英雄事迹、新时代创新创造奇迹，起到课堂教学难以实现的自育育人的作用。

4. 邀请历史学者参与教学

为加强"大思政课"建设，邀请专业历史学者参与教学，是善用历史资源的有效方式。邀请历史学者参与思政课程的教学可以为学生提供专业的历史知识和视角，丰富思政课程的内容和深度。历史学者可以分享自己对历史事件、人物和社会变革的研究成果和见解，帮助学生理解历史的发展过程以及历史对现代社会的影响。他们还可以通过分析历史中的道德困境和伦理选择等问题，引导学生进行思考和讨论，培养他们的批判思维。邀请历史学者参与思政课程的教学是一种有效的教学方式，有助于提升教学质量和学生的综合素养。对于部分教学资源相对匮乏的职业院校，可以与邻近高校结对子，聘请思政课名教授、优秀教师等进行定期和不定期的示范教学和讲座，提升思政课程的教学效果。

5. 创设历史情境和角色扮演

教师可以选择符合课程主题的历史情境，并向学生提供相关的背景资料和角色信息。然后，学生可以在教师的指导下扮演特定的历史人物，通过模拟对话、辩论和行动等方式重新演绎历史事件。这种参与式的学习过程可以促进学生思考能力、批判思维和创造力的发展，同时也能培养他们的团队合作和沟通能力。

通过情境创设和角色扮演，学生可以更加深入地了解历史事件的复杂性和多样性，同时也能在情感上与历史产生共鸣，加深自身的体验和记忆。这种亲身体验的学习方式可以激发学生对历史的兴趣和热情，使他们更加主动地学习和探索历史知识。同时，教师还可以引导学生从历史事件中提炼出普适的价值观念和道德准则，以及对现实社会的启示和反思，培养学生的人文关怀和社会责任感。比如爱国、奉献、团结等优良品质就是很多历史人物具备的特质。

要做到善用历史资源，教师需要注意如何将历史与现实联系起来，使学生能够理解历史发展的连续性和时代性。同时还应注重培养学生的历史思维和思考方式，引导他们进行独立研究和探索，在积累历史资源的过程中形成自己独特的视角和观点。

总之，善用历史资源对于"大思政课"建设至关重要。通过利用历史文献、借鉴历史事件与人物、参观历史遗址和博物馆、邀请历史学者参与教学以及创设历史情境和角色扮演等方式，培养学生的历史思维和社会责任感，为他们成为有追求、有担当的时代新人奠定坚实基础。同时，通过历史资源的运用，还可以帮助学生认识新时代的来之不易，增强他们对习近平新时代中国特色社会主义思想的自信和坚守。

三、善用时代资源

善用时代资源是建设"大思政课"的重要内容之一。时事热点是学生了解当代社会问题和发展趋势的重要途径，"大思政课"可以引导学生通过分析报道、社交媒体和网络资源来了解时事热点。组织时事讲座、辩论赛或模拟法庭等活动也是善用时代资源的有效方式，这些活动不仅能够增加学生对当代社会议题的了解，还能培养他们的综合素质和批判性思维。

1. 新媒体平台

大学生普遍使用的新媒体平台多种多样，主要包括社交媒体平台、短视频平台以及内容创作与分享平台等。这些平台不仅丰富了大学生的日常生活，还在提高思想道德水平和进行社会化方面发挥着重要作用。社交媒体平台，如微信、微博、QQ空间等，允许用户发布文字、图片、视频等内容，与朋友、同学进行互动和交流。短视频平台，如抖音、快手、TikTok等，以短视频为主要内容形式，涵盖娱乐、教育、科技等多个领域，深受大学生喜爱。内容创作与分享平台，如知乎、豆瓣、B站等，鼓励用户创作和分享专业知识、生活感悟等内容，促进知识的传播和思想的碰撞。

新媒体平台能够快速传播积极向上的信息，如社会公益活动、优秀人物事迹等，激发大学生的社会责任感和正能量。新媒体平台还提供了多元化的思想道德教育资源，如在线课程、讲座、论坛等，帮助大学生拓宽视野，树立正确的世界观、人生观和价值观。新媒体平台为大学生提供了一个自由表达观点、交流思想的平台，有助于他们在讨论和思想碰撞中提高思想道德水平。

然而，也应注意到新媒体平台上的信息纷繁复杂，大学生在使用时应保持理性思考，辨别真伪信息，避免受到不良信息的影响。同时，学校和社会也应加强对大学生新媒体素养的培养，引导他们正确使用新媒体平台，促进其健康成长。

2. 社会网络和团队合作

在专业学习之外，学生要积极参与社会组织、志愿者活动以及各类学生社团等，不仅能够拓宽自己的视野，还能在此过程中增强对社会问题的认知。与师长的教诲相比，同辈的影响往往更为直接和深远。在这些活动中，学生可以与来自不同背景、拥有多种技能和观点的同龄人交流互动，建立起一个广泛且多元的社会网络。这样的网络为他们提供了一个独特的学习环境，使他们能够在轻松的氛围中相互学习、共同成长。

在团队合作中，学生学会如何与同龄人有效沟通、协商和合作，这对于他们未来的发展至关重要。与师长的指导不同，同辈之间的合作更加注重平等和互相尊重，这有助于学生培养自主性和领导力。通过共同策划、实施项目和组织活动，学生能够在实践中锻炼并提升自己的团队协作能力，同时也能学会如何在团队中发挥自己的长处，尊重和支持他人的贡献。

大学生不仅能够在与同辈的互动中拓宽视野、增强对社会问题的认知，还能在实践中锻炼团队协作能力、培养社会责任感和提高解决问题的能力，为他们的个人成长和社会发展作出积极贡献。

3. 文化活动

组织学生参与丰富多彩的文化活动，如艺术展览、精彩演出、电影放映等，是拓宽学生视野、培养其审美情趣的重要途径。这些活动不仅能够让学生在繁忙的学习之余得到放松和愉悦，更重要的是，它们如同一扇扇窗，让学生得以窥见多元文化的魅力，从而帮助他们拓宽视野，增长见识。

在艺术展览中，学生可以近距离欣赏各种艺术佳作，无论是绘画作品、雕塑作品还是摄影作品，都有助于激发他们的创造力和想象力。通过观赏和解读这些艺术作品，学生能够学会从不同的文化视角去审视和理解世界，培养更加开放和包容的审美情趣。

演出活动则为学生提供了另一种文化体验。无论是戏剧、舞蹈还是音乐会，都能让学生感受到艺术的魅力和情感的共鸣。在观看演出的过程中，学生不仅能够享受到艺术的熏陶，还能在潜移默化中学习到表演技巧、团队协作以及舞台呈现等多方面的知识。

电影放映则是另一种深受学生欢迎的文化活动形式。通过观看不同题材和风格的电影，学生可以了解到不同国家和民族的文化传统、历史背景和社会现实。电影作为一种生动的文化载体，能够引导学生深入思考当下的时代背景和社会问题，从而培养他们的批判性思维和跨文化交流能力。

综上所述，组织学生参加各种文化活动是提升其审美情趣、拓宽视野以及引导他们从文化角度去理解当下时代的重要途径。这些活动不仅能够丰富学生的课余生活，还能在潜移默化中促进他们的全面发展。通过善用时代资源，"大思政课"的建设可以更满足学生的实际需求，更贴近现实情境，提高教学效果和学习体验，培养学生的综合素质和创新能力，为培养有追求、有担当的时代新人奠定坚实基础。

四、善用实践资源

思政课要善用实践资源是为了促进学生的综合素质和能力的全面发展。通过将理论知识与实践相结合，可以使学生更好地理解和应用所学内容，并培养他们的实际操作能力、创新思维和问题解决能力。

1. 实地考察和参观学习

实地考察和参观学习是指组织学生到与课程内容相关的实际场所进行观察和学习。这种活动可以帮助学生直接观察和了解理论知识在实际中的应用，增强学生对所学专业和行业的理解。例如，经济学专业的学生可以去参观金融机构，了解金融市场的实际运作；法律专业的学生可以去参观法院，观摩庭审过程，加深对法律程序的了解。通过这种方式，学生可以将抽象的理论知识与现实世界联系起来，从而加深理解并提高学习兴趣。

2. 实习实训

实习实训是学生在学术教育之外获得实践经验的重要方式。通过与企业和机构合作，学校可以为学生提供实习机会。在实习过程中，学生能够将课堂上学到的理论知识应用到实际工作中，同时从工作中学习到实践技能和职业行为规范。这种经验不仅有助于提升学生的职业技能，还能增强他们的工作责任感、团队协作能力和解决复杂问题的能力。另外，实习实训也是学生探索职业兴趣、建立职业网络和增加就业机会的有效途径。

3. 项目实践

项目实践是一种以项目为基础的学习方式，它要求学生参与真实或模拟的项目中，通过完成项目任务达到学习和成长的目的。在项目实践中，学生可能会参与志愿服务项目，如社区服务、环境保护活动等，也可能会参与科研项目，如实验设计、数据分析等。此外，社会实践活动如市场调研、企业咨询等也能让学生将理论与实践相结合，直面社会问题和挑战。通过参与这些项目，学生能够提高领导能力、沟通能力、团队合作能力和项目管理能力，同时也能增强社会责任感和公民意识。此外模拟演练、案例分析、创新实践也是教学中常用的实践资源。

综上所述，通过实地考察和参观学习、实习实训以及项目实践等方式，思政课教师能够有效地利用实践资源，为学生提供一个将理论知识应用于实际的平台，促进他们综合素质和能力的全面发展。这些方式不仅有助于学生深化对知识的理解，而且能够培养他们未来面向社会和职场所需的各种实践技能和创新能力。此外，通过善用社会资源、历史资源、时代资源和实践资源，"大思政课"能够为学生提供全方位的教育资源和实践机会，推动教学与育人质量的提升。在教学上，这一扩展的内容向度将改变传统思政课堂教学资源局限于教材、书本和文件等的情况，转向更能聚集、整合和优化课内课外、校内校外、线上线下全时空领域的鲜活的教学资源。这样的转变使思政教育更能满足学生的思想品德发展需求，增强教学的针对性和实效性。在育人方面，"大思政课"也将进一步改变传统课堂思政课单一的理论讲授模式，转向运用理论讲授、情境体验、实践锻炼等多种教学方法。通过激活教师的教学主体性和学生的自主学习主体性，"大思政课"能够增强教学的鲜活性、吸引力和感染力。学生不再是被动接受知识，而是积极参与思辨、发现和解决问题的过程中。这样的教学方式能够培养学生的创新思维、合作精神和实践能力，更好地提高思政课育人的针对性和实效性。

第三节 善用"大思政课"的推进路径

一、提高教师善用"大思政课"的能力和水平

在推进素质教育的过程中，思想政治理论课作为培养学生的核心素养和塑造学生正确世界观、人生观、价值观的重要课程之一，具有重要的意义。思政课教师作为思政课程的主导者，善用"大思政课"的能力和水平对于提高教育质量，培养德智体美劳全面发展的社会主义建设者和接班人具有重要的影响。根据课题组对400余名大学生进行的思政课教学效果问卷调查显示，大多数受访者（约89%）认为本学期思政课任课教师的表现非常出色，包括教学内容充实、思路清晰（约30%），知识点讲解深入浅出、易于理解（约27%），课堂氛围感强、富有互动性（约22%），老师为人和善、严谨治学、备受尊重（约6%），对学生关心体贴、帮助学生树立正确的人生观和价值观（约4%）。只有少数受访者表示不了解或者不作特别评价。因此，思政课教师作为思政队伍的主体力量，应该做到以下四点，以提高自己善用"大思政课"的能力和水平。

1. 加强专业知识储备，建设优秀的思政课教学团队

在内容上，思政课教师要具备全面系统的知识储备。要不断学习和研究马克思主义基本原理以及习近平新时代中国特色社会主义思想体系，熟练掌握相关政治理论、法律法规和时事政治等方面的知识。只有具备扎实的理论功底，才能更好地向学生传授相关知识，并引导他们进行深入思考和理性判断。现在思政课教学的整体情况是学原著、悟原理的氛围不够浓厚，流于表面而不进行深入研究，这也跟思政课教师工作量大有关。思政课程教学对象人数多，因而教学之外的交流指导也非常频繁，思政课教师要做时间管理的行家里手，科学合理分配时间，做好长期深入进行理论学习的准备。高校可以定期组织教研活动，让教师分享教学经验和案例，相互借鉴和学习。通过讨论和反馈，不断提高教师的教学水平，

并共同探索适合思政课教学的创新方法和策略。

2. 注重启发式教学，寓教于乐、生动有趣

思政课教师要善于运用启发式教学，启发学生的思维，培养学生的创新能力和综合分析能力。可以通过提问、讨论、辩论等方式，引导学生主动思考问题，加深对知识的理解和运用。思政课教师应当及时了解和把握国内外的经济、政治、文化等领域的重大事件和热点问题，并将其融入教学中去。要善于运用多种教学方法，使学生在轻松愉快的氛围中掌握知识。可以采用讲授、讨论、互动、案例分析、角色扮演等多样化的教学手段，激发学生的学习兴趣和主动性，增强思政课的吸引力。要充分理解当代大学生成长的社会环境，当直观、生动、戏谑、调侃等方式成为他们认知环境的主流时，如何既注重内容的准确阐述和客观表达，又使内容具有一定的趣味性和生动性，就变得格外重要。教师如何突破自己的"认知舒适区"，适当满足学生的认知需求，对保证教学效果也有一定意义。

3. 强化实践教学环节，激发学生的爱国情怀和社会责任感

思政课教师要善于将理论与实践相结合，使学生能够在实践中感受到理论知识的实际价值。可以组织学生参加社会调研、参观实践、社会服务等实践活动，通过实践来检验和应用所学的理论知识，以提高学生的综合素质和实际应用能力。思政课教师要通过教学活动和案例分析，激发学生的爱国情怀和社会责任感。例如，可以通过介绍优秀的革命先辈、先进人物和事迹，讲解中国特色社会主义的发展历程和取得的成就，引导学生树立正确的价值观和人生观。同时，还可以组织学生参与社会实践和志愿服务活动，培养他们的社会责任感和公民意识。

4. 关注学生的个体差异和需求，培养学生的思辨能力

每个学生都是独一无二的个体，他们在性格、兴趣、能力和学习风格等方面存在差异，同时每个人也存在不同的学业需求、心理需求和发展需求。教师要尊重学生的多元文化背景和观点，鼓励学生表达自己的意见和思想，并引导他们进行理性的讨论和辩论。针对学生的个体差异和不同需求提供更有针对性的教学是对教师提出的更高要求。这不仅需要教师有深厚的专业知识储备，还需要他们具备敏锐的观察力和灵活的教学策略。教师需要根据学生的性格、兴趣、学习能力和学习风格，制定个性化的教学方案，确保每个学生都能在最适合自己的学习环境中得到成长。为了实现这一目标，教师需要不断地进行自我提升，学习新的教育理念和教学方法，以更好地适应学生的多样化需求。同时，教师还需要与学生建立良好的沟通机制，及时了解学生的学习情况和心理动态，以便调整教学策略，最大限度地激发学生的学习兴趣和潜能。这种个性化的教学方式，虽然对教

师提出了更高的要求，但它也是提高教育质量、实现教育公平的重要途径。通过开展针对性的教学，教师可以帮助学生发现自己的优势，培养他们的自信心和自主学习能力，为他们的未来发展奠定坚实的基础。

总之，提高思政课教师善用"大思政课"的能力和水平是一个长期而复杂的过程，需要教师不断提升自身的素质和能力。

二、创新善用"大思政课"的方式方法

随着社会的进步和发展，思政课教育亦需要不断创新与改革。为了更好地开展思政课教育工作，我们可以创新"大思政课"的方式方法，以激发学生思想觉醒、培养其全面发展为目标，开展具有创新性的教学活动。

1. 引入多媒体技术，创设互动式课堂

在思政课程的教学过程中使用多媒体技术，可以极大地丰富教学内容和教学手段，提高学生的学习兴趣和参与度。虚拟现实（VR）技术是通过模拟三维环境，使学生身临其境地感受历史事件或场景，优化学习体验。目前，很多高校都建立了VR实训室。增强现实（AR）技术是将虚拟信息叠加到现实世界，通过手机或平板等设备展示，使学生能够更直观地理解抽象概念。思政课老师应该有针对性地应用多媒体技术，根据思政课程的教学内容和学生特点，选择合适的多媒体技术手段。例如，针对历史事件的教学，可以使用VR技术重现历史场景，让学生亲身感受历史的魅力；还可以使用VR技术制作高质量的教学资源，如微课视频等，创设互动式课堂环境，鼓励学生积极参与课堂讨论和互动。将利用多媒体技术进行课堂反馈和评估作为课堂教学的重要环节，及时了解学生的学习情况和问题，以便调整教学策略，提高教学效果。

所以，思政课程教学要引入多媒体技术，创设互动式课堂，这需要思政课老师不断更新教育观念，掌握最新的多媒体技术手段，并结合课程内容和学生特点进行针对性应用。这样才能充分发挥多媒体技术在思政课程中的优势，提高学生的学习兴趣和参与度，进而提升思政课程的教学效果。

2. 开展案例分析，培养批判性思维

案例分析是一种常见的教学方法，可以培养学生的批判性思维和解决问题的能力。在思政课教学中，教师可以引入具有代表性的实际案例，让学生从不同角度分析案例中存在的问题、冲突和解决办法，引发他们对社会现象的思考和反思。案例的选取是一门艺术，要遵循相关性原则、真实性原则、实效性原则和适用性原则。相关性原则，即选取的案例应该与教学内容和教学目标相关，能够帮助学生理解和掌握课程知识点，同时能够实现思政教育的目标。真实性原则，即选取的案例应该真实可靠，具有可信度和说服力，能够让学生感受到案例的真实

性和可信度，从而更好地理解和掌握知识点。时效性原则，即选取的案例应该具有时代性和时效性，能够反映当前社会和政治生活中的热点和难点问题，从而帮助学生了解当前社会和政治环境。适用性原则，即选取的案例应该适合学生的年龄、认知水平和学习能力，能够让学生更好地理解和掌握知识点，同时能够激发学生的学习热情和积极性。现实中，年长的教师与学生存在较大的年龄差距，教师极容易在教学时选择学生不太感兴趣的案例，因而与学生多沟通以了解他们的关注倾向也是非常重要的。

3. 组织校内外实践活动，培养社会责任感

思政课教育的核心之一是培养学生的社会责任感和公民意识。为了加强这方面的教育，高校可以组织学生参与社会实践活动。通过参观企事业单位、参与志愿服务、开展调研等方式，学生能够亲身感受社会现实，认识到自己作为公民应尽的责任和义务。同时，社会实践也为学生提供了一个锻炼能力、发展特长的良好平台。前文已经多次提及实践活动，此处主要强调实践活动要落到实处，而不止于空谈。只有真正通过实践活动强化理论教学，思政课的实效才能得到保证。突破课堂上的一言堂，适当"走出课堂"才是好的选择。

4. 培养学生阅读兴趣，提升其表达能力和辩证能力

开设思政课读书俱乐部是培养学生阅读兴趣和思想深度的一种方式。教师可以组织学生一起选择并阅读优秀的相关文献、经典著作，并举办读书讨论会，引导学生深入探讨书中的思想、道德观念和社会问题，激发他们对文学艺术和人文思想的热爱。同时，教师也可以邀请相关领域的专家学者参与该书俱乐部，为学生提供学术指导和思想启发。此外，在阅读后组织开展的辩论和主题演讲也是培养学生表达能力和辩证思维的有效途径。教师可以组织学生开展辩论赛，让他们就书中有争议的理论观点或者复杂的社会问题展开争论和辩驳，锻炼自己的辩论能力和辩论技巧。同时，教师还可以安排学生进行主题演讲，通过让学生讲述自己的观点和理念，培养学生的自信心和演讲能力。读和讲的结合既有助于学生更好地理解和掌握思政课的内容，又能够提升他们的思辨能力和表达能力。

5. 建立与其他学科的融合机制

思政课教育与其他学科之间存在着紧密的联系。为了加强学科融合，可以建立思政课程与其他学科的合作机制。例如，在历史、文学、哲学等学科中引入思政元素，能够使学生更深入地理解社会问题的历史背景、人文内涵和价值观念。同时，也可以在其他学科的教学过程中融入与思政课相关的案例分析和讨论，促进学科知识的融通和综合运用。现如今全国高校课程思政工作进行得如火如荼，对思政元素融入专业课教学的做法各高校已达成共识，只是在如何有机融合、有

效融合方面还有待进一步提升。

总之，创新善用"大思政课"的方式方法，不仅有助于提高思政课教育的针对性和实效性，更能够激发学生的思想觉醒和全面发展。通过以上形式的创新做法，我们可以实现思政课教育的创新与改革，培养具有高度思想觉悟和社会责任感的优秀公民，为构建和谐社会作出积极贡献。

三、建立与善用"大思政课"相匹配的育人体系

随着社会和学生需求的发展，传统思政课教育需要与时俱进，并建立起与之相匹配的育人体系。这样的体系应该围绕"大思政课"的核心目标，针对性地培养学生的思辨能力、批判意识和社会责任感。在下文中，笔者将从课程设置、教师培训、评价机制、资源共享等方面来具体阐述建立与善用"大思政课"相匹配的育人体系。

1. 关注教师的培训与发展，创造教师成长发展的多元平台

为了确保"大思政课"能够有效地实施，教师的培训与发展至关重要。教师需要具备较高的学科素养和思政理论水平，同时还要具备一定的教育教学技能和方法。因此，针对思政课教师的培训和发展应该成为一个系统而完善的过程。培训内容可以包括学科知识的深化、教学方法的研究、教育心理学和沟通技巧等方面的培训。教育部关于印发《普通高等学校思想政治理论课教师队伍培养规划（2019—2023年）》的通知中，思政课教师的培训和发展就包括多种形式，如一是专题理论轮训计划，包含开设"周末理论大讲堂"组织马克思主义经典著作专题培训、学习贯彻习近平新时代中国特色社会主义思想专题培训、"习近平新时代中国特色社会主义思想的生动实践"专题实践研修；二是示范培训计划，包含思政课教师队伍后备人才培养专项支持计划、骨干教师研修项目、思政课教师在职攻读博士项目、思政课教师省校协作培训项目、思政课教师校际协作项目；三是项目资助计划，包含全国高校思政课教学科研团队"择优支持"项目、全国高校"思政课教师名师工作室"项目、全国高校优秀中青年思政课教师"择优资助"项目、全国高校思政课教学方法改革"择优推广"项目、全国高校思政课示范教学科研团队建设"西部项目"、全国高校思政课教学研究项目；四是宣传推广计划，包含全国高校思政课示范教学展示活动、全国高校思政课教师队伍建设先进经验宣传活动。层次和形式多样的培训为思政教师提供了良好的发展平台和机会，这是办好思政课，善用"大思政"的先决条件。

2. 评价机制的改革与落地，促进师生良性正向发展

传统的评价机制主要依赖考试成绩，这种单一指标的评价容易使学生只追求分数而忽略思想教育的真正目标。为了构建与"大思政课"相匹配的育人体系，

需要改革评价机制，并落实到实际教学和评估中。

第一，多元化评价内容。一是课堂表现，即评估学生在课堂讨论、演讲和作业中的表现，重视学生的参与度和活跃程度。二是思辨能力，即通过辩论、论文写作、案例分析等方式评估学生的批判性思维和问题解决的能力。三是社会实践成果，即对学生参与社会服务、志愿活动、实习和项目实践的成果进行评价，考察他们的实际操作能力。

第二，多维度评价方式。一是同行评议，即引入同行教师对任课教师的教学进行评价，增加评价的客观性和专业性。二是自我评价，即鼓励教师进行自我反思和评价，以促进教师对自身教学的持续改进。三是互评，即学生和教师之间可以进行互评，让学生参与教学评价过程，增强评价的互动性和多元性。

第三，采用过程性评价。一是形成性评价，即在教学过程中进行定期的评价，如课堂小测、小组讨论汇报等，及时了解学生的学习进展。二是总结性评价，即在课程结束时进行综合性评价，如期末论文、项目展示等，评估学生整体的学习成果。

第四，采用发展性评价。一是激励性反馈，即提供具体、积极的反馈，旨在激励学生积极进取，而非仅仅指出不足。二是个性化评价，即考虑每个学生的特点和需求，提供个性化的评价和发展建议。

第五，采用技术辅助评价。一是数字化工具，即利用学习管理系统、在线评估工具等进行评价，提高评价的效率和准确性。二是数据分析，即通过收集和分析学生的学习数据，如参与度、进步情况等，为评价提供量化依据。

第六，结果应用。一是反馈改进，即将评价结果用于教学改进，调整教学策略和内容，以满足学生的学习需求。二是激励机制，即建立与评价结果相联系的激励机制，如奖学金、荣誉称号等，以激发学生的学习动力。

通过这些改革，评价机制能够更全面地反映学生的学习成果，同时也能够更准确地评估教师的教学效果。这样的评价机制有助于提升教学质量，促进学生的全面发展，并与"大思政课"的育人目标相匹配。

要对评价机制进行量化非常不容易，既要确定对师生考核的适当比例，也要使具体的指标落到实处。我们还需认真考虑，评价的指标体系是促进了教学，而不要由于过于烦琐而影响教学效果。

3.资源共享与合作，建立长效机制与持续发展

为了建立与"大思政课"相匹配的育人体系，资源共享与合作成为一项不可或缺的策略。各地高校和思政课教师可以通过建立合作平台，分享教学案例、资源和经验心得，促进经验的交流与借鉴，丰富思政课的教学内容和方法。特别是对于资源较少、基础较弱的地方职业类院校，结对子式的校际合作显得尤为重

要。此外，高校还应加强与社会各界的合作，邀请专业人士和社会活动家参与思政课教育，这能为学生提供更广阔的视野和实践机会。通过资源共享和合作，不仅能够形成互利共赢的局面，还能有效地推动"大思政课"育人体系的建设与发展，形成长效机制与持续发展的育人模式。

为了确保"大思政课"育人体系的长期有效实施，需要建立一个长效机制并进行持续发展。这包括制定相关政策和规范、明确思政课教育的目标和要求、为教师提供相应的支持和保障等。同时，需要建立监测和评估机制，对思政课教育的效果进行定期评估，以便及时调整和改进工作。此外，还应积极引入国内外的先进经验和理念，借鉴其他学校和地区的成功做法，不断完善和创新思政课教育的内容和方式。

4.培养学生成为自主学习者

在"大思政课"育人体系中，培养学生成为自主学习者是至关重要的一环。学生需要在教师的引导下，逐渐提高独立思考和自主学习的能力，不仅能够习得知识，还能够主动思考、分析和评价现实中遇到的问题。因此，在教学过程中，教师要注重培养学生的主动性和创造性，鼓励他们提出问题、寻找答案，并进行合作和分享。通过激发学生的学习兴趣和积极性，提高其自主学习的能力，实现思政课育人体系的目标。惰性是人的天性，很多学生已经适应了被动听讲，因而其自主学习能力较差，难以提出有针对性的问题。

针对这一问题，笔者认为费曼学习法就是适合大多数人的学习方法。费曼学习法强调以教促学，即通过学习后尝试向他人讲解知识，以此来检验和巩固自己的理解。这种学习方式鼓励大学生从被动接受知识转变为主动探索和学习，增强其学习的主动性和自发性。在自主性学习过程中，大学生需要明确学习目标，自主进行知识探索和学习。费曼学习法正好契合这一需求。

费曼学习法通过输出倒逼输入的方式，迫使学习者在教授他人的过程中不断回顾和反思自己的知识掌握情况，从而发现知识漏洞并及时查漏补缺。这种方式不仅能提高学习效率，还可以有效保证学习质量。在自主学习过程中，大学生往往面临时间管理、知识筛选等挑战，费曼学习法有助于他们更有效地利用时间，精准地掌握关键知识。

建立与善用"大思政课"相匹配的育人体系是一项系统而复杂的任务。它需要从师资培训、评价机制、资源共享、学生主动学习等多个方面进行改革和创新。只有通过这样的努力，才能更好地实现思政教育的目标。

四、完善"大思政课"的体制机制保障

为了确保"大思政课"育人体系的顺利形成和可持续发展，需要建立健全的

体制机制保障。这涉及政策规范、资源投入、教师培养、评估监测等多个方面的工作。在下文中，笔者将具体阐述如何完善"大思政课"的体制机制保障。

1. 政策规范的制定和落实

第一，在教学主管部门层面。教学主管部门应组织专家团队，深入研究"大思政课"育人体系的目标、内容、方法以及实施中的关键问题和挑战，从而制定具有前瞻性、科学性和可行性的政策规划，明确"大思政课"的实施原则、基本要求、评价标准等。同时，高校也要做好政策宣传与培训，加强对"大思政课"育人体系政策的宣传力度，提高全社会对其重要性的认识，组织针对高校教师的培训，使他们充分理解政策要求，提高实施"大思政课"的能力和水平。

第二，在高校层面。高校应根据教学主管部门的政策要求，结合本校实际情况，制定具体的"大思政课"实施方案；建立健全校内管理制度，确保"大思政课"的规范化、制度化和常态化实施；加强"大思政课"的课程建设，完善课程体系和教学内容，确保教学质量和效果；推动教学方法和手段的改革创新，引入现代教学技术，提高学生的学习兴趣和参与度。

2. 加大资源投入和整合力度

政府部门应该在财政预算中增加对思政课教育的资金投入，确保教育资源的供应充足。学校也应当将思政课纳入教育发展规划，并优先保障其所需资源和支持。此外，高校还应与社会各界建立合作关系，争取外部资源的支持，可以通过企业捐赠、社会组织参与等方式获得更多的支持和资源。

同时，需要积极整合各类资源，形成协同合作的格局。政府、学校、社会各界以及行业组织等应共同努力，形成资源共享、信息交流和协同配合的机制，以提高思政课育人体系的整体效益和可持续发展能力。这样的整合可以最大限度地优化资源配置，促进教育质量的提升和教学效果的改善。

3. 加强教师培养和发展

教师是"大思政课"育人体系的核心力量。为了提高教师的专业素养和教学能力，需要加强教师培养和发展。

第一，加强师范院校的思政课教师培养。系统的教育理论知识和实践经验，有助于培养出具备扎实专业基础和教育教学能力的思政课教师。师范院校应注重培养教师的思政素养和教育技能，使其成为优秀的思政课教师。

第二，加强教师的继续教育和培训。教师需要不断更新知识，适应教学改革和发展的需求。通过开展各类专业培训、研修班等形式，更新教师的知识和教育教学方法，帮助教师提升教学水平和专业素养。

第三，鼓励教师参与教育研究和教学创新。应鼓励教师积极参与教育科研，深入研究思政课教育的理论和实践问题，探索有效的教学方法和策略。同时，还应鼓励教师进行教学创新，倡导多样化的教学方式，提高教学质量和教学效果。

第四，加强教师的职称评定和激励机制。建立健全的职称评定体系，对于思政课教师的专业发展和成长给予充分重视和支持。此外，制定激励机制，通过薪酬、荣誉等方式激发教师的积极性和创造力，提高他们的工作动力。

通过以上措施，可以提高思政课教师队伍的整体素质，保障思政课教师的专业能力和教学水平。这将有助于进一步提升"大思政课"育人体系的质量和效果，培养更多优秀的青年学生。

4. 建立有效的课程评价和监测体系

为了确保"大思政课"育人体系的实施效果，需要建立有效的课程评价和监测体系。这可以通过多种方式来实现：

第一，建立科学合理的课程评价指标体系。该指标体系应包括对学生知识掌握程度的评估，同时也要评价学生的思辨能力、批判意识和社会责任感等核心素养。这样的综合评价可以更全面地反映学生在"大思政课"中的发展情况。

第二，开展定期的课程评估工作。通过问卷调查、课堂观察和学生反馈等方式，收集学生对"大思政课"教育的评价和建议。这些评价和建议将为优化教学方法、改进教材和提高教师教学水平提供重要依据。

第三，建立监测系统。这个系统可以对"大思政课"育人体系的实施情况进行监测和评估。通过收集数据、分析结果，及时发现问题和不足，并采取相应的改进措施。这有助于持续改进教学质量，保证"大思政课"育人体系的有效运行。

通过建立有效的课程评价和监测体系，可以全面了解学生在"大思政课"中的学习情况和发展状况，及时发现问题并加以改进。这将有助于提高"大思政课"育人体系的实施效果，培养具有高度思辨能力、批判意识和社会责任感的优秀青年。

5. 加强与社会的合作与互动

学校为了提高学生的思想政治素质和社会责任感，需要与社会各界进行广泛的合作与互动。

第一，学校可以与企业合作，共同开展实践教学项目。通过校企合作，学生可以在实践中学习，将理论知识与实际操作相结合，提高实践能力和解决问题的能力。同时，企业也可以为学生提供实习机会，帮助他们了解职场环境和企业文化，为未来的职业发展打下基础。

第二，学校可以组织社会实践活动，如志愿服务、社会调查等。这些活动可以让学生深入社会，了解社会问题和社会需求，培养自身的社会责任感和奉献精神。同时，社会实践活动也可以为学生提供实践机会，锻炼他们的组织协调能力、沟通能力和团队合作能力。

第三，学校可以邀请社会名人和专家开办讲座或座谈会。这能让学生了解社会前沿动态和热点问题，拓宽视野和知识面。同时，名人专家的经验和见解也可以为学生提供启示和指导，帮助他们更好地认识自己和世界。

第四，学校还可以与社会组织和机构合作，共同推动"大思政课"育人体系的发展和创新。通过与社会组织和机构的合作，学校可以获得更多的资源和支持，为"大思政课"育人体系的发展提供有力保障。同时，学校也可以为社会组织和机构提供人才支持和智力支持，共同推动社会的进步和发展。

总之，"大思政课"育人体系需要与社会各界进行广泛的合作与互动，以丰富教学内容、提供实践机会，并为学生积极参与社会实践提供支持。只有通过这样的合作与互动，才能更好地实现"大思政课"育人体系的目标和使命。

6. 建立高效的沟通机制

为了确保"大思政课"育人体系的顺利运行，需要建立高效的沟通机制。这包括学校内部的各级管理层之间的沟通和协调，以及学校与政府、社会各界之间的沟通和合作。可以通过定期召开会议、建立工作小组、设立专门的沟通平台等方式，加强各单位、各部门之间的信息共享和协同合作，提高"大思政课"育人体系的运行效率和质量。

总之，完善"大思政课"的体制机制保障需要从政策规范、资源投入、教师培养、评估监测、与社会合作、沟通机制等多个方面协同推进。只有系统得到有效保障，"大思政课"育人体系才能稳步发展，为学生提供更优质的思想道德教育和全面发展的机会，为社会培养出具有强思辨能力、批判意识和社会责任感的新一代公民。

第四节 "大思政课"建构的基本原则

在构建和实施"大思政课"育人体系时，需要坚持一些基本的原则，以确保教育目标的实现和效果的提升。

一、坚持用习近平新时代中国特色社会主义思想教育人

建构"大思政课"过程的首要原则是坚持习近平新时代中国特色社会主义思想的教育。这意味着要将党的最新理论成果，贯穿于教育教学的全过程。思政课教师要把每一个新理念、新思想、新战略，都放在整个科学体系中来认识和把握，要教育引导学生把学习新思想与坚持读原著、学原文、悟原理结合起来，领悟蕴含其中的道理学理哲理，培养理论思维、增进思想智慧。切实把学习成效转

化为走好青春之路的力量源泉，做有理想、敢担当、能吃苦、肯奋斗的新时代好青年。

二、坚持用党的理想信念凝聚人

通过学习党的路线、方针、政策等内容，可以帮助学生深入了解党的基本理论和党章，并从中汲取智慧和力量。这有助于学生通过了解党史、革命历程以及党的领导下的国家建设成就，更好地理解党的重要性和正确性，增强对党的拥护意识。思政课教师要通过讲述党的光辉历程、伟大成就和优良传统，引导学生深刻理解党的理想信念的崇高性和伟大性。同时，还要注重培养学生的历史责任感和使命感，引导他们将个人的理想追求与国家的发展大局紧密联系起来，为实现中华民族伟大复兴的中国梦贡献青春力量。

三、坚持用社会主义核心价值观培育人

社会主义核心价值观是中国特色社会主义的重要组成部分，具有深厚的理论基础和实践意义。坚持用社会主义核心价值观培育人，对于塑造和传承社会主义核心价值观、促进社会和谐稳定具有重要作用。通过教育和实践活动，高校可以培养大学生正确的世界观、人生观和价值观，引导他们以社会主义核心价值观为指引，为建设富强民主文明和谐美丽的社会主义现代化强国作出贡献。

四、坚持用中华民族伟大复兴历史使命激励人

实现中华民族伟大复兴是中国共产党的奋斗目标，也是中华民族的历史使命。坚持用中华民族伟大复兴的历史使命激励人，对于激发民族自豪感、凝聚力和创造力具有重要意义。通过深入研究和传承中华民族的历史，大学生可以从中汲取智慧和力量，坚定信心，为实现中华民族伟大复兴而努力奋斗。鉴于目前高校在通识类课程设置方面通常只开设中国传统文化、大学语文等课程，传承优秀传统文化可以通过思政课程的教学内容、社团活动、校园文化月等形式实现。

第五章　"大思政课"建设视域下大学生主体性作用的发挥

　　自觉担当尽责，始终成为组织中国青年永久奋斗的先锋力量。奋斗是青春最亮丽的底色，行动是青年最有效的磨砺。有责任有担当，青春才会闪光。青年是常为新的，最具创新热情，最具创新动力。党和人民事业发展离不开一代又一代有志青年的拼搏奉献。只有当青春同党和人民事业高度契合时，青春的光谱才会更广阔，青春的能量才能充分迸发。[1]

　　——2022年5月10日，习近平总书记在庆祝中国共产主义青年团成立100周年大会上的讲话

---

[1] 习近平：《在庆祝中国共青团成立100周年大会上的重要讲话》，据环球网：https://china.huanqiu.com/article/47x8DlLU66p。

在深入探究"大思政课"建设如何有效促进大学生主体性作用的发挥之后，我们进入了一个更为具体且以实践为导向的讨论领域——即如何在实际的教育环境中，也就是特定的"场域"中，实现这一目标的深化与落地。本章节"'大思政课'建设视域下大学生主体性作用的发挥"为我们描绘了一幅理想的教育图景：在"大思政课"的框架下，大学生不仅是知识的接受者，还是学习过程的积极参与者和创造者。

这自然而然地引领我们对"发挥大学生主体性作用的场域"展开探讨。在这一部分，笔者将聚焦于那些能够直接促进大学生主体性展现与提升的具体场景或平台。这些场域包括但不限于课堂教学、社会实践、校园文化活动、创新创业项目，它们共同构成大学生学习生活的重要组成部分，也是"大思政课"理念得以生动实践的关键环节。通过深入分析这些场域的特性、功能以及如何在其中有效激发和引导大学生的主体性，笔者旨在探索出一套更加科学、系统的教育模式，以更好地服务于大学生的全面发展。

第一节　发挥大学生主体性作用的场域

主体作为一个哲学范畴，既有本体论的含义，也有认识论的含义。在认识论意义上，主体主要是指从事实践活动的人。主体性则是指人作为主体在对象性活动中所表现出来的自主性、能动性和创造性。它表明人在活动中的地位、作用和性质。在"大思政课"建设中，大学生主体性可以理解为大学生作为学习活动的主体，在参与"大思政课"的学习、研究和实践中，能够自觉、主动、创造性地发挥自身作用，承担相应的责任。人的主体性不是与生俱来的，而是在认识、实践中主动建构的过程。大学生通过参与"大思政课"的学习和实践，可以逐步建构起自身的主体性，从而成为具有自主性、能动性和创造性的人。为充分发挥大学生的主体性作用，需要为他们提供合适的发展场域。

一、学术研究和科创平台

学术研究和科创平台是发挥大学生主体性作用的重要场域之一。这些平台为大学生提供了展示才华、深入研究问题、实践创新的机会，有助于促进他们的学术成长和综合能力发展。

1.学术研究平台是大学生进行学术探索和知识创新的重要场所

学校可以设立专门的科研基地、学术团队或学术期刊，为大学生提供参与研究项目和发表学术论文的机会。在这些平台上，大学生可以选择自己感兴趣的研究课题，进行独立的文献调研、实证研究和理论构建。通过深入研究，大学生可以拓宽学术视野，增强分析和解决问题的能力，同时培养批判性思维和创新精神。

2. 科创平台是大学生进行技术创新和科技创业的重要支持系统

许多学校设立了创新实验室、科技园区或创业孵化中心，为大学生提供各种资源，支持他们的科技创新项目。在这些平台上，大学生可以将所学知识与实践相结合，开展科研项目、设计制作创新产品或开展创业实践。通过科创平台，大学生能够提高技术能力、市场意识和团队协作能力，培养创新创业精神，为社会经济发展作出贡献。

3. 学术研究和科创平台还促进了大学生之间的互动与合作

在学术研究和科创平台上，大学生可以参加学术交流会议、展示研究成果、与同行深入探讨。他们还可以组建团队，共同开展科研项目或创新创业项目。通过与其他大学生的合作，他们能够互相分享经验、借鉴优点、激发创新思维，并形成相互帮助和共同进步的良好氛围。

二、社会实践和志愿服务

社会实践和志愿服务是培养大学生社会责任感和公民意识的重要途径。学校可以与社区、非营利组织和企业合作，提供丰富多样的实践机会，让大学生参与社会实践和志愿服务中。

1. 能够让大学生亲身感受和体会社会现实

这种亲身接触和参与让他们更加深入地了解社会现实，增强对社会问题的敏感度和关注度。无论是面对贫困、教育不公平还是环境污染，大学生通过观察和思考，可以更好地认识到问题的复杂性和紧迫性。

2. 能够增强大学生的社会责任感和提高他们解决问题的能力

参与公益活动、支教、环保等项目可以增强大学生的社会责任感，使他们认识到作为一名公民的义务与责任。在实践中，大学生需要主动思考和寻找解决方案，培养创新思维和提高解决问题的能力。这种实践中的锻炼不仅有助于个人成长，还能够为社会的发展和进步提供有益的力量。

3. 可以促进学校、社区和企业之间的合作与共赢

学校可以与社区、非营利组织和企业建立良好的合作关系，共同开展社会实践和志愿服务项目。通过相互支持和资源共享，学校能够提供更多样化、具有实际意义的实践机会，而社区和企业则能够获得来自大学生的积极参与和专业知识的支持。这种合作模式不仅能够提高学生的实践能力，还能够推动社会问题的解决和社区的发展。

三、创业创新和就业孵化

创业创新是培养大学生创造力和创业精神的重要途径。学校可以设立创业孵化中心，提供创业指导、资源支持和资金扶持，帮助有创业意愿的大学生实现梦想。同时，学校还应积极开展创新创业教育，培养大学生的商业思维和团队合作能力，帮助他们顺利就业或自主创业。

1. 创业孵化中心是大学支持创新创业的重要平台之一

通过建立创业孵化中心，学校可以为有创业意向的学生提供专业的指导和咨询服务。创业孵化中心通常与企业、投资者和行业专家紧密联系，能为学生创业项目的评估、商业计划的制定以及市场推广提供支持。此外，创业孵化中心还可以提供办公空间、技术设施和资金支持，为学生的创业项目提供有利条件和资源保障。根据《中国创业孵化发展报告（2022）》，2021年，全国创业孵化机构在孵企业和创业团队接近69.8万家，共吸纳就业498.32万人，同比增长3.5%，其中应届高校毕业生50.1万人。按创业主体分类：大学生16.5万人，科技人员9.6万人，留学生1.8万人。统计数据显示，在孵企业大专以上人员242.91万人，占比近80%。众创空间持续发挥创业带动就业的社会效应，当年服务创业团队和企业吸纳就业人数188.69万人，其中应届大学毕业生25.9万人。

2. 创新创业教育是培养大学生创业精神和商业思维的重要途径

《国务院办公厅关于进一步支持大学生创新创业的指导意见》要求政府投资开发的孵化器等创业载体应安排30%左右的场地免费提供给高校毕业生。有条件的地方可对高校毕业生到孵化器创业给予租金补贴。同时要求大力宣传和加强高校创新创业教育、促进大学生创新创业的必要性和重要性。及时总结并推广各地区、各高校的好经验好做法，选树大学生创新创业成功典型，丰富宣传形式，培育创客文化，营造敢为人先、宽容失败的环境，形成支持大学生创新创业的社会氛围。做好政策宣传宣讲，推动大学生用足用好税费减免、企业登记等支持政策。学校应当将创新创业教育纳入课程体系，并提供相应的培训和实践机会。通过创新创业教育，学生可以学习市场分析、产品设计、商业模式等方面的知识和技能，培养他们的商业思维和判断力。此外，学校还可以组织创业竞赛、讲座和交流活动，为学生搭建与行业专家和企业家互动交流的平台，拓宽他们的视野和资源网络。

3. 创业创新能够帮助大学生顺利就业或自主创业

创业创新在当代社会中的重要性不言而喻，它不仅能够帮助大学生顺利就业或自主创业，还为求职者提供了显著的竞争优势。在不断变化的社会环境和职业市场中，那些具备创业精神和创造力的大学生往往能够展现出更强的适应性和选择权。他们不仅能够灵活地应对各种挑战，还能够在未来的职业道路上持续发展和进步。

《中国青年创业发展报告（2022）》指出，青年创业呈现出年轻化、高学历、启动资金规模小的特征。创业主力军的学历以本科和大专为主，集中在农林牧渔、批发零售和教育文化等行业。近七成的创业青年的启动资金规模在 10 万元以下。超半数青年创业者盈亏存在波动，七成青年创业者在三年内开始营利。54% 的大学生创业者参加过创业大赛，62% 的新兴科技青年创业者认为创业园区、孵化器等创新创业平台对其创业成功的帮助大，56.2% 的返乡创业者是大学生。创新创业能力的培养使大学生具备超越传统就业岗位的能力，他们能够主动探索新的就业机会，甚至创造属于自己的工作机会。在创业的过程中，他们不断学习新知识、掌握新技能、适应新环境，这种自主择业的能力对个人职业发展至关重要。

鼓励和支持大学生投身创新创业，不仅是对他们个人未来职业发展的投资，也能增强社会经济活力和创新能力。通过培养具有创业精神的人才，高校能够为社会的繁荣和进步注入源源不断的活力。

四、学生组织和社团活动

学生组织和社团活动是培养大学生领导力和组织能力的有效途径。学校应鼓励并支持学生自主组建社团和学生会等组织，并提供必要的经费和场地，促进学生在组织管理、活动策划和团队合作方面的成长。学生组织和社团活动还可以为大学生提供广阔的交流与合作平台，丰富他们的校园文化生活。

1. 学生组织和社团活动能够培养大学生的领导力和组织能力

通过参与组织管理和活动策划，学生可以锻炼自己的领导能力和协调能力。他们担任组织内部的某些职务，负责计划活动、组织会议和管理资源，从而学会有效地分配任务和与团队成员合作。这种实践经验有助于提高学生的决策能力和问题解决能力，让他们在领导岗位上表现得更好。

2. 学生组织和社团活动为大学生提供了广阔的交流与合作平台

在学生组织和社团活动中，学生能够结识不同专业背景和兴趣爱好的同学，促进跨学科、跨年级的交流与合作。他们共同参与活动策划和组织，形成紧密的团队合作关系。他们在合作中互相学习、共同努力，这有助于拓宽学生的视野，培养他们的团队协作能力和人际交往能力。

3. 学生组织和社团活动能够丰富大学生的校园文化生活

学生可以根据自己的兴趣爱好和专业特长，加入各类社团和学术组织。这些组织经常组织文化、艺术、体育等方面的活动，为学生提供展示才华和追求个人兴趣的机会。通过参与各种社团活动，学生不仅能够丰富自己的校园生活，还能够培养审美观念、锤炼艺术技能，并与志同道合的同学建立深厚的友谊。

五、艺术与体育活动

艺术和体育活动是培养大学生综合素质和身心健康的重要途径。学校应提供丰富多样的艺术和体育课程，鼓励大学生参加音乐、舞蹈、绘画、运动等各种艺术和体育项目。通过这些活动，大学生可以发展自身潜能，提高艺术修养和体育水平，培养团队协作精神和领导才能。

1. 艺术活动对大学生的综合素质提升具有积极影响

音乐、舞蹈、绘画等艺术形式不仅能够培养学生的审美情趣和创造力，还能够提升他们的表达能力和情感交流能力。通过参加艺术活动，大学生可以加强自身的文化修养，拓宽视野，锻炼思维的敏捷性和提高解决问题的能力。此外，艺术活动还能够为学生放松心情、减轻压力，促进其身心健康和全面发展。

2. 体育活动对大学生的身心健康和个人成长至关重要

参与各种体育项目可以提高学生的身体素质，增强体力和耐力，改善身体机能。同时，体育活动也能够培养学生的竞争意识、团队协作精神和领导能力。在集体项目中，学生需要相互配合、共同努力，从而培养自身的团队协作意识和组织能力。此外，体育活动还有助于培养学生的意志力和毅力，焕发积极向上的精神风貌。

3. 学校应该提供丰富多样的艺术和体育课程，为大学生提供多种选择

这些课程包括音乐、舞蹈、戏剧、美术等艺术形式，还包括篮球、足球、游泳、瑜伽等多种体育项目。学校应该设立相应的专业教室、场馆和设施，为大学生提供良好的学习和锻炼环境。同时，学校还可以组织艺术和体育比赛、演出等活动，为学生展示才华和交流经验提供平台。在以上课程和活动中，学校应注重提供必要的支持和保障，包括资金、资源、指导和培训等方面。同时，还要鼓励大学生积极参与，激发他们的热情和创造力。此外，学校还应建立有效的评价机制，对大学生在这些课程和活动中的表现进行认可和奖励，为他们提供更多的机会和平台展示才华。

4. 发挥大学生主体性作用的场域应注重培养大学生全面发展

除了专业知识和技能外，高校还应关注他们的思想道德、艺术素养、社会责任等方面的培养。学校可以开设通识教育课程，引导大学生拓宽视野、提高人文素养。同时，要鼓励大学生参与公益活动，培养社会责任感。多方面的综合培养将有助于大学生成为具有高尚情操、社会责任感和创新精神的新时代青年。

第二节　发挥大学生主体性作用的目的

大学生主体性是指大学生在自我发展和社会进步中主动参与、积极实践的过程，并具有独立思考和创新能力的特征。发挥主体性作用是培养大学生全面发展的关键环节，其目的在于促使大学生更好地适应社会发展需求，提高综合素质，增强自身的竞争力。

一、提升自主学习能力

发挥大学生主体性作用的重要目的是帮助大学生提升自主学习能力。通过激发学生的主动性，鼓励他们自我探索、独立思考，从而提高解决问题的能力。这不仅能够帮助他们更好地掌握知识，还能够培养他们对学习的兴趣和持续学习的意愿。当大学生掌握自主学习的技巧和方法后，就能够更好地应对未来学习和工作中的挑战。

1. 培养大学生的自主学习能力，使他们能够更加高效地掌握知识

自主学习注重学生的主动性和自我驱动力，鼓励他们积极寻求学习资源、制定学习计划，并自主选择合适的学习方法和策略。这种自主学习模式使学生能够根据自身特点和需求，有针对性地进行学习，提高学习效果。自主学习还能培养学生的信息获取和处理能力，使他们能够独立思考、分析问题，从而更好地理解和应用所学知识。

2. 大学生在自主学习的过程中会产生学习兴趣和持续学习的意愿

当学生能够自主选择学习内容，并以探索的心态进行学习时，他们更容易体验到学习的乐趣和成就感。这种积极的学习体验促使学生对知识进行深入探索，并培养他们的学习动力和自我激励能力。同时，自主学习也鼓励学生在学习中不断反思和调整学习方法和策略，从而提高学习效果，持续保持对学习的热情。

3. 掌握自主学习的技巧和方法有助于大学生应对未来学习和工作中的挑战

在现实生活和职业发展中，自主学习的能力能帮助人们适应快速变化的知识和技术。通过大学阶段的自主学习能力的培养，学生能够增强自身的批判性思维、问题解决能力和自我管理能力，这都是通往成功所必需的能力。此外，自主学习还能培养学生的自信心和创新能力，使他们具备在复杂环境中独立思考和自主行动的能力。

二、培养创新意识和创业精神

大学生正处于思维活跃、想象力丰富的阶段,他们敢于挑战传统,勇于尝试新事物。通过鼓励他们自主创新和创业,可以为他们提供一个展示才华和实现梦想的平台。创新意识是推动社会进步的重要动力。通过教育和引导,可以帮助大学生树立创新意识,使他们更加关注社会需求和问题,并尝试用创新的方法去解决问题。创业精神则是一种勇于冒险、敢于实践的精神。培养大学生的创业精神,可以让他们更加敢于面对挑战,不畏失败,从而在创业道路上走得更远。

1. 发挥大学生的主体性作用可以激发他们的创造力和创新能力

大学生通常处于高强度学习和思考的阶段,他们拥有丰富的知识背景和广泛的兴趣爱好,更容易产生创新的想法和独特的见解。鼓励大学生自主探索和实践,提供创新平台和资源支持,可以激发他们的创新潜力,培养他们的创造力和问题解决能力。通过参与科研项目、创新竞赛或创业活动,大学生能够锻炼创新思维和实践能力,从而在未来的工作和生活中具备更强的竞争力。

2. 培养大学生的创业精神有助于他们成为社会的创造者和创造价值的人才

创业精神不仅是创新的延伸,还包括勇于冒险、团队合作、资源整合和市场洞察等能力。鼓励大学生参与创业教育和实践项目,可以培养他们的商业意识和创业技能。这种经历能够培养学生的自信心、决策能力和风险管理能力,使他们在面对未知和变化时能够灵活应对,勇于创新和创业。同时,创业经验也为大学生提高领导才能、组织管理能力和团队协作能力提供机会,为他们未来的职业发展打下坚实的基础。

3. 培养大学生的创新意识和创业精神对于社会进步和经济发展具有重要意义

创新驱动是推动社会持续发展的关键因素,大学生代表年轻一代的创新力量和思维方式。通过培养大学生的创新意识和创业精神,可以为社会注入更多的创新资源和活力,推动科技进步、产业升级和社会变革。同时,创业活动也能够促进就业创造和经济增长,培养出更多具有创业精神和实践能力的人才,助推创新型企业和创业项目的发展。

三、培养团队合作和沟通能力

发挥大学生主体性作用的目的是培养大学生的团队合作和沟通能力。现代社会对人才的需求越来越强调团队合作和协作能力。通过组织各类团队活动和课堂项目,可以锻炼大学生与他人合作的能力,并培养他们的沟通和协商技巧。这对于大学生未来的职业发展和社交能力的提高都具有重要意义。

1. 团队合作能够培养大学生的团队意识和合作精神

在团队工作中,学生需要了解自己在团队中的角色和责任,同时也要关注

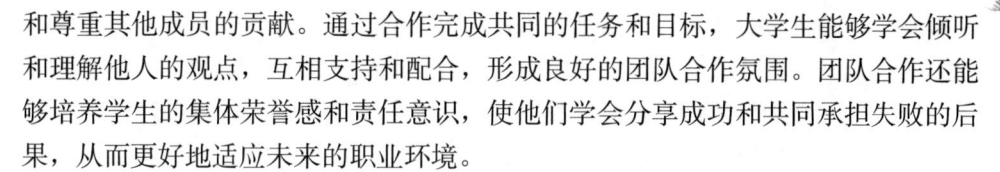

和尊重其他成员的贡献。通过合作完成共同的任务和目标，大学生能够学会倾听和理解他人的观点，互相支持和配合，形成良好的团队合作氛围。团队合作还能够培养学生的集体荣誉感和责任意识，使他们学会分享成功和共同承担失败的后果，从而更好地适应未来的职业环境。

2. 大学生通过团队合作可以提升他们的沟通和协商能力

团队合作需要成员之间进行有效的沟通和协商，以达成一致意见并解决问题。在团队中，大学生需要学会表达自己的观点、倾听他人的意见，并通过讨论和交流来达成共识。沟通和协商的过程可以提高学生的口头和书面表达能力，使他们能够清晰地传达自己的想法，并寻求与他人合作的最佳方式。这些沟通和协商技巧对于大学生未来的职场发展和个人生活中的人际关系都非常重要。

3. 团队合作还能够培养大学生的问题解决和决策能力

在团队合作中，大学生经常面临各种挑战和问题，需要集思广益、共同探讨，并做出相应的决策。通过参与团队项目和活动，大学生可以锻炼分析和解决问题的能力，培养判断力和决策能力。同时，团队合作也有助于提高学生的创新思维和解决复杂问题的能力，使他们能够直面各种挑战并找到最佳解决方案。

第三节　发挥大学生主体性作用的层面

大学生主体性是指大学生在自我发展和社会进步中主动参与、积极实践，并具有独立思考和创新能力的特征。发挥大学生主体性作用，需要从多个层面入手，包括学习、社交、文化等方面。

一、学习层面

在学习层面，发挥大学生主体性作用的目的是帮助大学生提升自主学习能力，培养扎实的专业知识和综合素质。大学生应该在课堂之外主动参与学术讨论、科研项目等活动，通过自己的努力和探索，拓展学习的广度和深度。他们可以利用图书馆、网络资源等自主学习的平台，进行自我学习和深入研究，提高解决问题的能力。同时，大学生还应当主动与教师沟通，寻求学习指导和建议，以更好地提升自身能力。

1. 发挥大学生主体性作用有助于提高其自主学习能力

在高等教育中，大学生需要逐渐从被动接受教育转变为主动学习。通过自主选择学习内容、制定学习计划和方法，大学生能够培养自我管理和组织能力，提高学习效率。他们可以根据个人兴趣和需求，在课堂之外寻找相关资料和文献，开展独立的学术研究和探索。这种自主学习的过程促使大学生的主动思考、批判性思维和解决问题的能力得到发展，为他们未来的学术进步和职业发展打下坚实基础。

2. 通过参与学术讨论、科研项目等活动，大学生能够拓宽学习的广度和深度

学术讨论、科研项目等活动为大学生提供了一个与同学和教师共同探讨学术问题、分享观点和经验的平台。通过与他人交流和合作，大学生可以从不同的角度和思维方式中获得启发，加深对学术领域的理解和认识。此外，积极参与科研项目也能够培养大学生的实践能力和创新精神。在科研过程中，他们将面临问题识别、实验设计、数据分析等挑战，通过钻研和实践，提升解决问题的能力和创造性思维。

3. 利用图书馆、网络资源等自主学习平台，大学生能够进行自我学习和开展深入研究

图书馆是一个丰富的知识宝库，大学生可以通过查阅专业书籍、期刊和文献，深入学习自己感兴趣的领域。此外，互联网和在线教育平台也为大学生提供了多种学习资源和学习工具。他们可以通过在线课程、学术论坛和学术博客等方式，跟随国内外优秀的学者和专家学习，获取最新的学术动态和研究成果。这种自主学习的机会能够使大学生拓展知识边界，不断更新自己的知识储备和综合素质。

4. 大学生应当主动与教师进行沟通，并寻求学习指导和建议

教师是大学生学习的重要引导者。与教师建立良好的沟通关系有助于大学生获取更多的支持和指导。他们可以向教师请教学术问题、寻求学业建议，分享自己的学习进展和困惑。教师在专业知识和学术经验方面具有丰富的背景和资源，能够为学生提供宝贵的指导意见和学习方向。通过与教师进行积极的互动和讨论，大学生能够加深对学科知识的理解和应用，拓宽思维方式和学习方法。

二、社交层面

在社交层面，发挥大学生主体性作用的目的是培养大学生的团队合作能力、沟通技巧和领导才能。大学生可以通过参与学生组织、社团活动、志愿服务等，展示自己的个人特长和能力，与他人协作解决问题，共同成长。同时，大学生积极参与社交活动也有助于开阔视野，拓宽交际圈，能从不同的角度与人交流，更好地建立和维护人际关系。

1. 参与学生组织和社团活动有助于培养大学生的团队合作能力

在学生组织或社团中，大学生需要与其他成员密切合作，实现共同的目标。通过分工合作、协调配合，他们学会倾听他人的意见和观点，尊重和接纳不同的观点。这种团队合作的经验使大学生能够掌握良好的协作技巧，提高组织、沟通和解决问题的能力。同时，团队合作还能培养大学生的责任心和集体荣誉感，激

发他们为集体发展作出积极贡献的意愿。

2. 参与志愿服务等社交活动可以提升大学生的沟通技巧和人际交往能力

通过与志愿者团队、受助对象和社区居民进行互动，大学生需要运用有效的沟通技巧与不同背景和经历的人建立联系。他们学会倾听他人需求，并表达自己的观点和意见。这种社交互动的过程有助于培养大学生的敏感性，提高大学生的理解力和合作能力，使他们能够更好地与他人合作、协商和解决问题。这对于大学生日后的职业发展和人际关系的建立都具有重要意义。

3. 积极参与社交活动还能够开阔大学生的视野，拓宽交际圈

大学期间，大学生有机会结识来自不同地区、不同专业的同学和朋友。通过与他人进行交流和互动，大学生能够了解不同文化、思维方式和观念，拓宽自己的视野和思维边界。这种多元的交往经历有助于培养大学生的包容性、开放性和跨文化沟通能力。同时，建立广泛的人际关系网络也为大学生的学习、职业发展和社会资源的获取提供了有利条件。

三、创新层面

在创新层面，发挥大学生主体性作用的目的是培养大学生的创新意识和创业精神。大学生应该积极参与科研项目、创新竞赛等活动，通过思考、实践和尝试，提出新的观点和解决方案。他们可以利用课余时间进行创意思考，积累经验并将其转化为实际行动。此外，大学生还可以参与创业实践，锻炼自己的商业头脑和市场洞察力，培养敢于冒险和探索的精神。

1. 参与科研项目和创新竞赛有助于培养大学生的创新意识和解决问题的能力

通过参与科研项目，大学生有机会深入研究某一特定领域，并尝试提出新的理论或方法。他们需要进行资料收集、数据分析、实验设计等一系列工作，从而培养自身的创新思维和独立解决问题的能力。此外，参加创新竞赛也鼓励大学生思考现实问题，并提供创新性的解决方案。这些活动不仅能激发大学生的创造力，还有助于培养他们的团队合作和项目管理能力，为将来的职业发展打下坚实基础。

2. 大学生可以利用课余时间进行创意思考并将其转化为实际行动

在大学期间，大学生拥有更多可以自由支配的时间，用来探索自己的兴趣和创新想法。他们可以参与创业沙龙、创意工作坊等活动，与其他具有相似兴趣爱好的学生一起交流，产生思维碰撞。此外，大学生可以参加创业孵化器或社团组织，接触到真实的商业环境，并通过实践和尝试将自己的创意付诸实践。这种创新实践过程不仅能培养大学生的创新意识和创造力，还可以提供宝贵的经验和教训，为日后的创业或职业发展积累了资源和背景。

3. 参与创业实践也能够培养大学生的商业头脑和市场洞察力

创业需要对市场进行深入分析和预测，了解消费者的需求和竞争环境。大学生参与创业实践可以锻炼他们的商业思维、战略规划和风险管理能力。在创业过程中，他们需要制定商业计划、进行市场调研、寻求投资，这一过程有助于培养他们的自信心、决策力和团队合作精神。虽然创业有一定的风险，但通过创业实践，大学生能够从失败和挑战中汲取经验教训，进一步提高自己的创新能力和创业素质。

四、文化层面

在文化层面，发挥大学生主体性作用的目的是增强大学生对文化的理解和传承。大学生应该主动参与文艺活动、文化交流等，提高自己的审美能力和艺术修养。他们可以参加话剧社团、合唱团等艺术表演团队，锻炼自己的表达能力和舞台表演技巧。同时，大学生还应学习和传承中华优秀传统文化，了解历史文化，推动中华优秀传统文化的发展。

1. 通过参与文艺活动和文化交流，大学生能够提高自己的审美能力和艺术修养

艺术表演为大学生提供了展示自己的机会，无论是话剧表演还是音乐演奏，都能够锻炼大学生的表达能力和艺术技巧。参与这些活动不仅能够提高大学生的个人魅力和自信心，还能够培养他们对艺术的鉴赏力和欣赏能力。通过观摩他人的表演和与其他艺术爱好者进行交流，大学生们能够拓宽自己的艺术视野，提高自己的审美水平。

2. 大学生应当学习和传承中华优秀传统文化

作为中华民族的一分子，了解和传承中华优秀传统文化是每位大学生的责任与使命。大学生可以通过学习中国古代经典文化著作、参观博物馆和历史遗迹等方式，深入了解传统文化的背景和内涵。同时，还可以参加与传统文化有关的实践活动，如书法、绘画、剪纸等，亲身体验传统文化的魅力。通过这些学习和实践，大学生可以将传统文化的精髓融入自己的生活中，并推动中华优秀传统文化的发展与传播。

3. 大学生还可以积极参与文化交流活动，促进不同地域、不同国家的文化交流与理解

大学生可以参加国际学生交流项目、参观外国文化节庆等活动，与来自不同文化背景的人进行交流和互动，这能够增进他们对其他文化的了解和尊重，拓宽自己的视野和思维方式。这种跨文化的交流有助于培养大学生的国际视野和文化包容性，提高他们的跨文化沟通能力，为日后的职业发展和全球化时代的社会交往打下坚实基础。

五、社会层面

在社会层面，发挥大学生主体性作用的目的是培养大学生的社会责任感和公民意识，提高他们对社会问题的认识和关注。大学生应当积极参加社会实践、志愿服务等活动，关注社会热点问题，为解决社会问题贡献自己的力量。他们可以通过参与公益组织、社会项目等方式，了解社会问题的本质，并积极参与相关的行动。同时，大学生还应当关注公民权益的保护，了解法律和道德的约束，以积极正向的价值观和行为规范参与社会事务。

1. 大学生应该积极参与社会实践和志愿服务活动，以培养他们的社会责任感和公民意识

通过亲身参与社区服务、环境保护、扶贫帮困等活动，大学生能够深入了解社会问题的现实情况，并通过实际行动为解决这些问题贡献自己的力量。参加志愿服务不仅能够提升大学生的社会责任感和奉献精神，还能够增强他们的人际交往能力和团队合作意识。通过与不同社会群体的接触和互动，大学生能够拓宽自己的视野，加深对社会问题的认识，并养成关心他人、乐于助人的品质。

2. 大学生应当关注社会热点问题，并积极参与相关行动

社会问题的解决需要广泛的参与和支持，而大学生作为社会的一分子，应当发挥自己的影响力和能动性。他们可以通过参与公益组织、社会项目等方式，了解社会问题的背景和原因，探索可行的解决方案，并积极行动起来。无论是关注环境保护、推动教育公平、关心健康福祉还是捍卫人权和社会正义，大学生都可以通过自己的努力和行动，为这些社会问题的解决贡献自己的智慧和力量。

3. 大学生还应当关注公民权益的保护，了解法律和道德的约束，在参与社会事务时保持积极正向的价值观和行为规范

大学生作为公民，应该遵守国家法律法规，尊重社会道德和公共秩序。他们应该关注自己的权益和义务，了解个人权利的保护机制，并主动参与有关公民权益的倡导和维护。在行为上，大学生应当树立正确的价值观，养成诚信、守法、尊重他人的良好习惯和态度，做一个有担当、有责任心的社会成员。

六、个人成长层面

发挥大学生主体性作用的目的也在于促进大学生的个人成长和自我发展。大学生应该在课业之余寻求各种机会，发展自己的兴趣爱好。

1. 大学生应该积极探索并培养自己的兴趣爱好

大学时光是发展个人潜力和兴趣的宝贵时期。大学生可以利用课余时间参加感兴趣的社团、俱乐部或团队，如音乐、舞蹈、绘画、摄影、体育运动等。通过参与这些活动，大学生不仅能够锻炼技能，培养专业素养，还能够结交志同道

合的朋友，拓宽自己的社交圈子。同时，积极培养兴趣爱好也有助于减轻学业压力，提升个人的幸福感和生活质量。

2. 大学生还应该注重培养健康的生活方式和自我管理能力

良好的生活习惯和自我管理能力对大学生的个人成长至关重要。他们应该合理安排作息时间，保证充足的睡眠，并坚持适当的运动和锻炼。在饮食方面，大学生应该注意营养均衡，避免不健康的饮食习惯。此外，培养积极向上的心态和情绪管理能力也是非常重要的。大学生应该学会在面对挑战和困难时保持乐观、积极的态度，并寻求适当的支持和帮助。

3. 大学生应该制定并追求个人的目标和梦想

大学时期是实现个人发展的重要阶段。大学生可以通过设定明确的目标和计划，为自己的未来奠定坚实基础。他们可以探索不同领域的知识和技能，拓宽自己的知识视野。大学生也应该不断学习和成长，与时俱进，为将来的职业发展做好准备。

通过发挥主体性作用，大学生将更好地满足社会对人才的需求，增强自身竞争力，并为社会进步和发展作出积极贡献。因此，大学生应当充分认识到自身的责任和使命，不断发掘自己的潜力，努力成为有价值、有影响力的社会栋梁。

第六章 "大思政课"建设视域下大学生主体性意识的构建

  广大青年要坚定理想信念，志存高远，脚踏实地，勇做时代的弄潮儿，在实现中国梦的生动实践中放飞青春梦想，在为人民利益的不懈奋斗中书写人生华章！[①]

  ——2017年5月3日，习近平总书记在中国政法大学考察时的讲话

[①] 习近平：《决胜全面建成小康社会夺取新时代中国特色社会主义伟大胜利——在中国共产党第十九次全国代表大会上的报告》，据新华网：https://www.chinacourt.org/article/detail/2017/10/id/3033281.shtml。

在探讨"大思政课"建设视域下大学生主体性意识的构建时，我们首先要明确其指导思想。这一指导思想不仅为整个构建过程提供了方向性的引领，还确保了主体性意识培养的目标与"大思政课"的核心理念相契合，从而促进大学生在思想政治理论学习中实现自我认知、自我发展和自我超越。接下来，我们将深入剖析这一指导思想的具体内涵及其在大学生主体性意识构建中的重要作用。

第一节 大学生主体性意识构建的指导思想

一、坚持以马克思主义为指导

马克思主义是我们的根本指导思想，也是构建大学生主体性意识的理论基础。思政课教师要运用辩证唯物主义和历史唯物主义的世界观和方法论，分析大学生在社会发展中的地位和作用，认识他们在推动社会进步和实现个人价值中的主体性。深入学习贯彻习近平新时代中国特色社会主义思想，把握新时代大学生的特点和任务，引导他们树立正确的世界观、人生观和价值观，增强他们的历史使命感和责任感。

第一，马克思主义是我们的根本指导思想，也是构建大学生主体性意识的理论基础。尽管有时大学生会觉得马克思主义理论与日常生活相距甚远，但教师应当扮演好桥梁的角色，确保在教学时既保持理论的高度和深度，又紧密贴合学生的思想实际和认知水平，努力实现马克思主义理论的通俗化和大众化，使其成为构建大学生主体性意识的坚实基础。这要求教师坚持马克思主义的立场、观点和方法，将大学生主体性意识的培养融入社会主义现代化建设的大局之中，与时代的发展、社会的需求紧密相连，与国家的利益和民族的命运紧密相连。

第二，要运用辩证唯物主义和历史唯物主义的世界观和方法论，分析大学生在社会发展中的地位和作用，认识他们在推动社会进步和实现个人价值中的主体性。辩证唯物主义和历史唯物主义是马克思主义的核心内容和灵魂，是人类认识世界和改造世界的根本方法。教师要运用辩证唯物主义的对立统一、质量互变、否定之否定等基本规律，把握大学生作为社会发展的动力、创新的源泉、未来的希望等方面的主体性。教师要运用历史唯物主义的生产力决定生产关系、经济基础决定上层建筑、社会存在决定社会意识等基本原理，分析大学生作为社会变革的参与者、价值创造者、个性实现者等方面的主体性。

第三，教师要深入学习贯彻习近平新时代中国特色社会主义思想，把握新时代大学生的特点和任务，引导他们树立正确的世界观、人生观和价值观，增强他们的历史使命感和责任感。习近平新时代中国特色社会主义思想是马克思主义中国化的最新成果,是当代中国的精神指南和行动纲领。要按照习近平总书记对高校工作提出的立德树人根本任务,培养德才兼备、知行合一、全面发展的社会主义建设者和接班人,要按照习近平总书记对青年工作提出的"勇于担当时代重任"的重要要求,激励大学生勇于有梦、敢于追梦、勤于圆梦,为实现中华民族伟大复兴的中国梦贡献青春力量。

第四,引导大学生树立正确的世界观、人生观和价值观,增强他们的历史使命感和责任感。世界观、人生观和价值观是人们对世界、对自己、对价值所持有的基本看法和态度,是人们思想意识和行为准则的集中体现。教师要教育大学生坚持以马克思主义为指导,以社会主义核心价值观为准则,以爱国主义为核心,以改革创新为动力,以奉献社会为目标,形成正确的世界观、人生观和价值观,培养大学生具有强烈的历史使命感和责任感,让他们明白自己是国家的栋梁、民族的希望、时代的先锋,让他们为国家富强、民族振兴、人民幸福而努力奋斗。

二、培养批判性思维和创新意识

第一,批判性思维和创新意识是大学生主体性意识的重要内容和表现,是大学生适应社会变化、解决复杂问题、实现个人发展的必备素质。要教育大学生不盲从、不偏激、不固执,而要善于质疑、分析、评价,形成自己的判断和观点。要教育大学生不满足、不停滞、不保守,而要勇于探索、创造、改进,形成自己的特色和风格。

第二,鼓励大学生敢于质疑、敢于探索、敢于创新,培养他们独立思考、分析问题、解决问题的能力。尊重大学生的思想自由和学术自主,支持他们对权威的质疑和对真理的探索,引导他们在理论上有所突破和创新。鼓励大学生积极参与各类科研项目和竞赛活动,培养他们运用科学方法和技术手段,解决实际问题和挑战。鼓励大学生发挥想象力和创造力,开展各种形式的文化艺术活动,培养他们表达自我和美化生活的能力。

第三,营造一个开放、包容、多元的学习环境,支持大学生参与科技创新、文化创造、社会实践等活动,提高他们的实践能力和创造力。完善大学生的创新教育体系,增加他们的创新课程和实验课程,提供他们的创新平台和资源。加强大学生的国际交流与合作,拓宽他们的视野和眼界,增进他们的跨文化理解和沟通。推动大学生与社会各界广泛联系,积极参与志愿服务、社会调查、社会实验等活动,增强他们的社会责任感和公民意识。

第四,关注大学生的兴趣和潜能,激发他们对社会和自身发展的热情,引导他们根据自身特点和社会需求,制定合理的发展目标和规划。尊重大学生的个性差异和选择,鼓励他们根据自己的兴趣爱好和特长优势,选择适合自己的专业

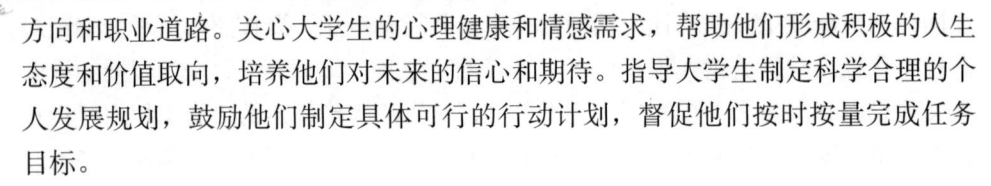

方向和职业道路。关心大学生的心理健康和情感需求，帮助他们形成积极的人生态度和价值取向，培养他们对未来的信心和期待。指导大学生制定科学合理的个人发展规划，鼓励他们制定具体可行的行动计划，督促他们按时按量完成任务目标。

三、传承和弘扬中华优秀传统文化

中华优秀传统文化是中华民族的精神血脉，也是构建大学生主体性意识的文化资源。要加强对大学生的文化教育，让他们深入了解中华文化的历史渊源、内涵精神、价值理念、艺术形式等，增强他们对中华文化的认同感和归属感。推动中华文化与时俱进，与世界文化交流互鉴，让大学生看到中华文化的活力和魅力，增强他们的文化自信和民族自豪感。教师要引导大学生积极参与文化建设，传承和弘扬中华传统文化的优秀成果，为中华民族伟大复兴贡献智慧和力量。

第一，中华优秀传统文化是中华民族的精神血脉，是构建大学生主体性意识不可或缺的文化资源。它是中华民族长期创造和积累的宝贵财富，也是支撑中华民族生生不息、发展壮大的重要力量。近几年，网络上传播优秀传统文化的热潮兴起，不少大学生对此持积极态度，愿意深入了解并传承优秀传统文化。因此，教师要教育大学生热爱祖国、热爱民族、热爱文化，引导他们将中国优秀传统文化视为自己的精神家园和精神支柱，并鼓励他们成为中华文化的继承者和传播者，让传统文化在新时代焕发新的生机与活力。

第二，开设丰富多样的文化课程和活动，让大学生接触和学习中华优秀传统文化的经典著作、名人事迹、民间传说、风俗习惯等内容，让他们感受和领悟中华优秀传统文化的深厚底蕴和博大精深。培养大学生的文化素养和审美能力，让他们欣赏和体验中华优秀传统文化的诗词歌赋、书法绘画、音乐舞蹈、戏曲电影等，让他们享受和创造中华优秀传统文化的美好和精彩。

第三，推动中华优秀传统文化与时俱进，与世界文化交流互鉴，让大学生感受到中华优秀传统文化的活力和魅力，培养他们的文化自信和民族自豪感。坚持以习近平新时代中国特色社会主义思想为指导，创新中华优秀传统化的表达方式和传播途径，让中华优秀传统文化更加符合时代特征和社会需求。积极参与国际文化交流与合作，展示中华优秀传统文化的独特魅力和普遍价值，促进中华优秀传统文化与世界各国文化的相互借鉴和共同发展。增强大学生的国际视野和竞争力，让他们在世界舞台上自信地表达自己的观点和立场，自豪地展示自己的文化和风采。

第四，引导大学生积极参与校园文化建设。近年来，中华优秀传统文化形成

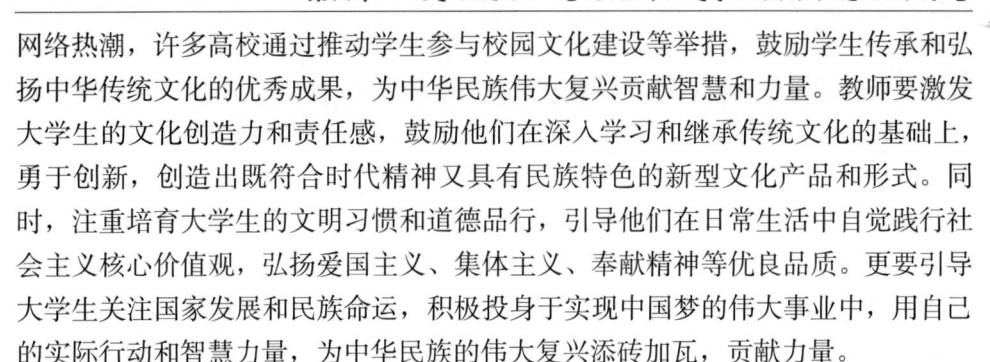

网络热潮，许多高校通过推动学生参与校园文化建设等举措，鼓励学生传承和弘扬中华传统文化的优秀成果，为中华民族伟大复兴贡献智慧和力量。教师要激发大学生的文化创造力和责任感，鼓励他们在深入学习和继承传统文化的基础上，勇于创新，创造出既符合时代精神又具有民族特色的新型文化产品和形式。同时，注重培育大学生的文明习惯和道德品行，引导他们在日常生活中自觉践行社会主义核心价值观，弘扬爱国主义、集体主义、奉献精神等优良品质。更要引导大学生关注国家发展和民族命运，积极投身于实现中国梦的伟大事业中，用自己的实际行动和智慧力量，为中华民族的伟大复兴添砖加瓦，贡献力量。

四、注重以人为本，尊重大学生的主体地位

以人为本，从字义上解释，即以人的利益、需求和发展为出发点和归宿，强调对人的尊重、关心和支持。以人为本是思政教育一贯坚持的基本原则，也是构建大学生主体性意识的重要人文关怀。教师要尊重大学生作为社会主体和个体主体的地位和权利，关心他们的思想、情感、需求、利益等方面，保障他们享有平等、自由、民主、法治等基本权利。尊重大学生作为学习主体和发展主体的主动性和创造性，支持他们自主选择学习内容和方式，自主规划发展方向和途径，自主参与社会活动和服务。尊重大学生作为道德主体和审美主体的个性和多样性，鼓励他们树立正确的道德观和审美观，形成健康的人格和风格，展现自我风采和价值。要以人的全面发展为目标，促进大学生在德、智、体、美、劳等方面的全面提升，使他们成为社会主义事业的合格建设者和接班人。

以人为本，一直是思政教育坚守的基本原则，也是对大学生这一主力军实现第二个百年奋斗目标、建设社会主义现代化强国的深切关怀。这不仅展现出对大学生的尊重与关爱，更彰显了我们对社会主义事业的坚定信心和勇于担当的精神。在推进各项工作时，教师要把大学生的主体性意识建设紧紧融入以人民为中心的发展理念之中，确保大学生的利益和幸福是教师所有工作的出发点和最终归宿，同时，也要把促进大学生的成长与成才视为教师工作的核心目标和不竭动力。

在新时代背景下，尊重大学生既作为社会主体又作为个体主体的独特地位和权利显得尤为重要。学校应当深切关怀大学生的思想成长、情感体验、多元需求及合法权益，确保他们能够充分享有平等、自由、民主、法治等基本权利。我们必须深刻认识到，大学生不仅是国家的未来栋梁、民族复兴的希望，更是推动时代进步与创新的重要力量，在社会发展的广阔舞台上扮演着不可或缺的角色。

因此，学校应当致力于营造一个尊重每一位大学生人格尊严与个性选择的环境，密切关注他们的思想动态与情感状态，积极回应并努力满足其合理需求与正

当利益。这包括但不限于保障大学生在平等接受高质量教育、参与学校管理与决策、自由表达意见与建议，以及对教学与服务质量进行监督评价等方面的基本权利。同时，学校还需采取有效措施，坚决维护大学生在校园内外的一切合法权益不受侵犯，为他们健康成长、全面发展提供坚实保障。

尊重大学生作为学习主体和发展主体的主动性和创造性，支持他们自主选择学习内容和方式，自主规划发展方向和途径，自主参与社会活动和服务。大学生是知识的探索者、技能的掌握者、价值的创造者，他们在学习发展中具有强烈的主动性和创造性。要尊重大学生的学习兴趣和发展潜能，支持他们根据自己的特点和优势，选择适合自己的专业方向和职业道路。要尊重大学生的实践愿望和履行社会责任的意愿，支持他们积极参与科技创新、文化创造、志愿服务等社会活动，提高他们的实践能力。

尊重大学生作为道德主体和审美主体的个性和多样性，鼓励他们树立正确的道德观和审美观，形成健康的人格，展现自我风采和价值。大学生是道德规范的遵守者、美好生活的追求者、文明风尚的引领者，他们在道德审美方面具有独特的个性和多样性。要尊重大学生的道德选择和审美喜好，鼓励他们树立正确的道德观和审美观，培养他们具有良好的品德修养和高雅的审美情趣。也要尊重大学生的人格特征和风格表达，鼓励他们形成健康积极的人格特质和风格特色，展现自己独特而多彩的风采和价值。

坚持德才兼备的教育方针，全面贯彻立德树人的根本任务，培养大学生的思想道德素质和专业知识技能。坚持全面育人的教育理念，全面实施素质教育，培养大学生的身体健康素质和审美创造素质。坚持劳动教育的原则，全面加强劳动教育，培养大学生的劳动意识和劳动能力。教师要以人的全面发展为目标，使大学生成为德智体美劳全面发展的社会主义建设者和接班人。

第二节 大学生主体性意识构建的基本原则

构建大学生主体性意识需要遵循一些基本原则。一是要坚持因材施教原则，根据大学生的不同特点和发展需求，实施个性化教育，激发他们的主体性意识。二是要坚持全面发展原则，促进大学生各方面的能力和素质的协调发展，使他们能够在不同领域展现主体性。三是要坚持全员参与原则，通过广泛的参与机会和平等的参与权利，激发大学生的主动性和参与性。四是要坚持问题导向原则，通过提出具体问题、解决学生关切、提高实践能力等方式来创造有利于大学生主体性意识构建的环境。

一、坚持因材施教原则

因材施教是教育的基本原则,也是培养大学生主体性意识的重要原则,是指要根据大学生的不同特点和发展需求,实施个性化教育,激发他们的主体性意识。大学生是一个多元化的群体,他们有着不同的兴趣、特长、潜能、需求等,需要得到个性化的关注和培养。教师要尊重大学生的个性差异和选择权利,提供多样化的教育内容和方式,满足他们的个性化需求和发展目标。关注大学生的个性发展和价值实现,激发他们的自我认知和自我管理能力,培养他们的自我发展和自我完善意识。

第一,尊重大学生的个性差异和选择权利,提供多样化的教育内容和方式,满足他们的个性化需求和发展目标。尊重大学生的思想自由和学习自主,鼓励他们根据自己的兴趣和志向,选择适合自己的专业和课程,参与不同的社团和活动,拓宽自己的视野和知识边界。提供多元化的教育资源和平台,支持他们开展多样化的学习和实践,培养他们的创新能力和创业精神。建立灵活的评价机制和激励制度,鼓励他们追求卓越和个性化的成就,体现他们的个性价值。

第二,关注大学生的个性发展和价值实现,激发他们的自我认知和自我管理能力,培养他们的自我发展和自我完善意识。应引导大学生进行深入的自我分析和反思,帮助他们认清自己的优势和不足,明确自己的定位和方向,制定合理的发展计划和目标。教育大学生树立正确的人生观和价值观,培养他们对自己、对社会、对国家、对人类负责任的态度,激发他们为实现个人价值而奋斗的动力。应督促大学生落实自己的发展计划和目标,培养他们自主学习、自我调节、自我评价、自我完善的能力,促进他们不断提高自己的素质水平。

总之,坚持因材施教原则,根据大学生的不同特点和发展需求,实施个性化教育,激发他们的主体性意识,是当前高等教育改革与发展面临的重要任务。只有这样,才能真正做到以人为本、以学为中心、以质量为核心、以效果为导向,培养出符合时代要求、适应社会需要、具有国际竞争力、能够引领未来发展的高素质人才。

二、坚持全面发展原则

坚持全面发展原则,能促进大学生各方面的能力和素质的协调发展,使他们能够在不同领域展现主体性。全面发展是教育的根本目标,也是构建大学生主体性意识的重要原则。大学生是一个有机整体,只有在德、智、体、美、劳等方面得到全面而均衡的发展,才能成为社会主义事业的合格建设者和接班人。要秉承德才兼备、知行合一、全面育人的教育理念,提供全方位的教育资源和机会,促进大学生各个方面能力和素质的协调发展。关注大学生在不同领域的主体性表现和贡献，激发他们在思想、学习、实践、创新等方面的主动性和创造性。

1. 坚持德育为先，培养大学生的社会责任感和道德修养

德育是教育的首要任务，也是塑造大学生主体性的基础。教师要以习近平新时代中国特色社会主义思想为指导，教育引导大学生树立正确的世界观、人生观、价值观，增强爱国主义、集体主义、社会主义意识，践行社会主义核心价值观。教师要引导大学生遵纪守法、尊重他人、诚实守信、自律自强、关爱自然、服务社会，努力成为有理想、有道德、有文化、有纪律的新时代青年。

2. 坚持智育为本，提高大学生的专业水平和综合能力

智育是教育的核心内容，也是展现大学生主体性的重要途径。要以立德树人为根本任务，以人才培养为中心工作，以学科建设为支撑点，以教师队伍为关键因素，以教学改革为动力源泉，构建高质量的教育体系。教师要注重培养大学生的基础知识、专业技能、创新思维、综合素养、国际视野等方面的能力，使他们能够适应社会发展的需求，解决实际问题，推动科技进步。

3. 坚持体育为基，增强大学生的身体素质和健康意识

体育是教育的重要组成部分，也是保障大学生主体性的必要条件。高校要把体育工作纳入全面教育计划，加强体育课程建设和教学管理，完善体育设施和器材配备，丰富体育活动和竞赛形式，提高体育教学质量和效果。高校要培养大学生的运动习惯和兴趣，增强他们的体质和健康水平，提升他们的运动技能和竞技水平，促进他们的身心和谐发展。

4. 坚持美育为魂，丰富大学生的文化内涵和审美情趣

美育是教育的重要内容，也是提升大学生主体性的有效途径。我们要把美育工作融入全面教育过程，加强美术、音乐、戏剧等艺术课程的设置和教学实施，完善艺术展示和交流平台建设，丰富艺术活动和节庆形式，提高艺术教育质量和水平。高校要培养大学生的艺术素养和创造力，增强他们的文化自信和民族自豪感，提升他们的审美能力和表达能力，促进他们的情感和人格发展。

5. 坚持劳育为重，锤炼大学生的实践能力和劳动精神

劳育是教育不可或缺的一环，也是彰显大学生主体性的实践方式。高校要将劳育纳入整体教育框架，强化劳动课程设置和实践教学，完善劳动实习和社会实践机制，丰富劳动项目和志愿服务活动，确保劳动教育的深入实施。高校要引导大学生树立正确的劳动观念，培养他们的动手能力和团队协作精神，激发他们的创新意识和实践能力，塑造他们勤劳、踏实、精益求精的劳动品质，助力他们成为具备社会责任感和实践能力的新时代建设者。

三、坚持全员参与原则

坚持全员参与原则,通过广泛的参与机会和平等的参与权利,激发大学生的主动性。全员参与是教育的有效途径,也是构建大学生主体性意识的重要原则。要充分认识到大学生是社会发展和文化建设的重要力量,他们需要通过广泛而深入地参与各种社会活动来实现自身价值和社会价值。学校要坚持以人为本、以学为主、以用为先的教育方法,提供丰富多样的参与平台和渠道,满足大学生参加科技创新、文化创造、志愿服务等社会活动的需求和愿望。要关注大学生在参加社会活动中所遇到的问题和困难,激发他们解决问题和改善环境的能力和意愿。

1. 科技创新,培养大学生的创新精神和创新能力

科技创新是社会进步的重要动力,也是展现大学生主体性的重要领域。在创新驱动发展战略的指导下,高校要以国家重大需求和前沿领域为导向,以学生兴趣和专业特长为依据,以项目实践和竞赛活动为载体,构建开放包容的科技创新平台。通过参与科技创新活动,大学生可以培养科学素养、探索精神、实践能力、团队协作等方面的能力,从而能够在科技创新活动中发现问题、分析问题、解决问题,为社会发展贡献智慧和力量。中国国际大学生创新大赛(2024)设高教主赛道(含国际参赛项目)、职教赛道、"青年红色筑梦之旅"活动、产业命题赛道、萌芽赛道等方案。高教主赛道参赛项目类型包括新工科类项目、新医科类项目、新农科类项目、新文科类项目、"人工智能+"项目,类型丰富,不同专业的大学生都可参与。

2. 文化创造,培养大学生的文化自觉和文化自信

文化创造是社会文明的重要标志,也是展现大学生主体性的重要领域。在社会主义核心价值观的引领下,高校要以中华优秀传统文化为根基,以时代精神和民族风格为特色,以文艺作品和文化活动为载体,构建多元融合的文化创造平台。通过参加文化创造活动,大学生可以培养文化素养、审美情趣、创造力、表达能力等方面的能力,从而能够在文化创造活动中传承文化、弘扬文化、创新文化,为社会文明增添光彩和魅力。东南大学的一大创新举措是设立专项基金,加大对校园文化活动的支持力度。学校设立了"校长专项文化活动基金",每年投入50万元,用于资助学生社团和基层团组织开展面向全校范围的校园文化活动。各学生社团和基层团组织自行设计活动方案,校团委组织学生代表对方案进行初审和再设计。学校对于通过初审和再设计的方案,给予全额经费资助。专项基金的设立极大地激发了基层团组织和学生社团的积极性和创造性,活跃了校园文化活动。

3. 志愿服务,培养大学生的社会责任感和奉献精神

志愿服务是社会和谐的重要保障,也是展现大学生主体性的重要领域。在习

近平新时代中国特色社会主义思想的指导下，高校要以社会主义核心价值观为准则，以服务人民、奉献社会为宗旨，以志愿者组织和志愿者活动为载体，构建广泛参与的志愿服务平台。通过参与志愿服务活动，大学生可以培养道德修养、人际交往、组织协调、应变处理等方面的能力，从而能够在志愿服务活动中做到关爱他人、帮助他人、成就他人，为社会和谐贡献爱心和力量。2022年发布的《新时代的中国青年》白皮书显示，截至2021年年底，全国志愿服务信息系统中14岁至35岁的注册志愿者已超过9000万人。调查数据显示，青年志愿者参与志愿服务的类型丰富，包括社会公益服务、关爱扶助服务、环境保护服务、社区发展服务、乡村振兴服务、成长辅导服务。

4.社会实践，培养大学生的实践能力和社会适应能力

社会实践是教育的重要方式，也是展现大学生主体性的重要领域。在立德树人的根本任务下，高校要以知行合一为教育目标，以服务国家战略为导向，以实习实训和调查研究为载体，构建密切联系的社会实践平台。通过参与社会实践活动，大学生可以培养分析问题、解决问题、沟通协调等方面的能力，从而能够在社会实践活动中做到了解社会、适应社会、服务社会，为社会发展贡献才能和力量。浙江理工大学的纺织科学与工程学院（国际丝绸学院）把社会实践作为增强大学生文化自信、提高育人工作质量的内驱动能，依托深厚的学科文化内涵，建立起"四驱型"社会实践模式，即"以文化开掘为基、以文化沉浸为径、以文化服务为介、以文化创造为重"，推动大学生把文化自信融入自身成长成才的全过程之中。

四、坚持问题导向原则

坚持问题导向原则是指通过提出具体问题、解决学生关切、提高实践能力等方式来创造有利于大学生主体性意识构建的环境。

第一，问题导向是教育的有效策略，也是构建大学生主体性意识的重要原则。问题导向不仅是推动人类进步和社会发展的动力，也有助于激发大学生的主体性意识。高校应该深刻认识到这一点。因此，在教育过程中，教师需要以问题为导向，引导学生去发现和思考问题。通过提出具体问题，教师能够激发学生的思考和好奇心，促使他们主动探索和学习，在解决问题的过程中培养学生主动学习和批判性思维的能力。

第二，关注学生的需求和期望，将需求和效果作为教育的导向。大学生作为受教育的主体，他们的关切和困惑应该是教育工作者关注的重点。教师要了解大学生关心的问题，积极回应他们的需求，为他们提供有针对性的教育资源和支持。同时，教师也要重视教育的效果，通过评估和反馈机制，不断改进教育方法

和内容，确保学生得到实际的收益和成长。

第三，提出有现实意义和挑战性的问题，解决大学生关心和关注的问题。思政教育不能只停留在理论探讨上，而是要让大学生做到将知识与实际问题相结合。这样，大学生能够更好地认识到知识的实用价值，增强学习的主动性和积极性。教师可以引导学生分析社会问题、参与社会实践，通过解决实际问题来培养他们的实践能力和创新能力。这样的方式能够让学生更深入地理解和体验课程内容，从而真正形成自己的观点和思考方式。

第四，注重培养大学生的主体性，关注他们在解决问题的过程中所展现出来的主动性和创造性。教育的目的不仅仅是传授知识，更重要的是培养大学生的自主学习能力和思考方式。在解决问题的过程中，大学生应该发挥主动性和创造性，提出自己的观点和解决方案。教师要鼓励学生展现多样化的思维和表达方式，突破常规，以不拘一格的思维视角去思考问题，从而培养他们的独立思考能力和创新精神。通过培养大学生的主体性，可以帮助他们更好地适应社会发展的需求，成为有独立思考能力和解决问题能力的终身学习者。

第三节 大学生主体性意识构建的工作思路

在建设"大思政课"的背景下，大学生主体性意识的构建显得尤为重要。以习近平新时代中国特色社会主义思想为指引，结合教育教学规律和学生成长成才规律，高校需要坚持开门办思政，强化问题意识，突出实践导向，以此为基础构建大学生的主体性意识。

一、深化理论教学，引导学生提高自我认知

在"大思政课"的理论教学中，教师应注重培养学生的批判性思维和独立思考能力。通过讲解习近平新时代中国特色社会主义思想，引导学生深入理解其精神实质和实践要求，从而增强他们的理论素养和政治觉悟。这一过程中，教师不仅要传授知识，更要教会学生如何运用这些理论知识去分析现实问题，形成自己独立的见解。

为了达到这一目的，教师需要精心设计教学内容和教学方法。在教学内容上，要选取那些能够体现时代特征、反映社会现实、贴近学生生活的案例和素材，使理论教学更加生动、具体。在方法上，要采用启发式、讨论式等多种教学方式，引导学生主动参与课堂讨论，鼓励他们提出自己的观点和看法，培养他们的思辨能力和创新精神。

同时，结合社会热点问题和历史事件，鼓励学生进行自主分析和判断，这是

培养学生独立思考和自我认知能力的重要途径。教师可以通过布置相关的研究课题或讨论主题，让学生自主搜集资料、分析问题、提出解决方案，并在课堂上进行分享和交流。这样的教学方式不仅能够锻炼学生的学术研究能力和表达能力，还能够激发他们的学习兴趣和热情，进一步提升他们的主体性意识。

深化理论教学是引导学生形成自我认知、培养主体性意识的重要环节。教师需要不断更新教学理念和方法，注重理论与实践的结合，激发学生的学习兴趣和潜能，为他们的全面发展打下坚实的基础。

二、丰富实践活动，促进学生自我体验

在"大思政课"的框架下，丰富多样的实践活动是促进学生增强自我体验和主体性意识的有效途径。高校应积极组织各类社会实践活动，如志愿服务、社会调查、红色文化体验等，让学生在实践中亲身体验社会、了解国情、感受时代脉搏。

一些高校定期组织学生前往革命老区进行实地学习，通过参观历史遗迹、聆听老红军讲述革命故事，让学生深切体会到伟大的革命精神，从而在他们心中种下爱党爱国的种子。同时，高校还可以鼓励学生参与社区服务、支教等志愿活动，通过服务他人、奉献社会，培养他们的社会责任感和实践能力。

在实践活动中，教师应指导学生将理论知识与实际相结合，引导他们观察社会现象、分析问题本质，并提出解决方案。通过实践反思，学生能够更深刻地理解理论知识，同时在实践中锻炼自己的组织协调能力、团队合作能力和解决问题的能力，进一步提升自我认知和主体性意识。

丰富的实践活动是促进学生自我体验、强化主体性意识的重要手段。高校应充分利用资源，创新实践形式，为学生提供更多元化的实践平台，让他们在实践中成长，在实践中增强责任感和使命感。

三、搭建交流平台，增强学生自我表达能力

在"大思政课"建设中，搭建多样化的交流平台，鼓励学生自我表达，是提升其主体性意识的关键环节。高校可以利用现代信息技术，建立线上线下的互动交流平台，如开设思政论坛、举办主题演讲比赛、设立微信公众号等，为学生提供展示自我、交流思想的平台。

一些高校通过举办"青年说"系列讲座，邀请校内外专家学者、优秀校友与学生面对面交流，分享人生经验、探讨时事热点，激发学生的思维碰撞和灵感火花。同时，鼓励学生在社交媒体上发起话题讨论，就社会热点问题发表个人观点，培养他们在公共领域的表达能力和影响力。

通过这些交流平台，学生不仅能够锻炼自己的语言表达能力和逻辑思维能力，还能在交流过程中吸收他人的不同观点，拓宽视野，学会从不同角度审视问题，从而增强自我认知和主体性意识。

搭建交流平台、鼓励学生自我表达，是提升大学生主体性意识的有效策略。高校应积极创造条件，为学生提供更多展示和交流的机会，让他们在思想的碰撞中成长，在表达中增强自信心和责任感。

四、强化师生互动，促进学生自我反思

在"大思政课"的教学过程中，强化师生互动，是促进学生自我反思、深化主体性意识的重要方式。教师应转变角色，从传统的知识传授者变为学生学习的引导者和伙伴，通过课堂讨论、小组作业、个别辅导等多种形式，与学生建立平等、开放的沟通关系。

一些高校采用"翻转课堂"教学模式，让学生在课前自主学习相关理论知识，课堂上则主要进行小组讨论和教师点评，这种教学方式极大地提高了学生的参与度和主动性。同时，教师可以定期组织一对一或小组辅导，针对学生的学习困惑和思想动态进行个性化指导，帮助他们进行自我反思和成长规划。

在师生互动的过程中，教师应鼓励学生提出疑问、表达不同见解，引导他们学会批判性思考，同时也要给予学生充分的肯定和鼓励，增强他们的自信心和学习动力。通过这样的互动，学生能够更深入地理解自己，明确个人发展目标，从而不断提升主体性意识。

强化师生互动是促进学生自我反思、深化主体性意识的有效路径。高校教师应不断创新教学方法，构建和谐的师生关系，为学生创造一个支持性、启发性的学习环境，让他们在互动中成长，在反思中进步。

五、完善评价体系，激励学生自我发展

在"大思政课"建设的背景下，完善评价体系，是激励学生自我发展、强化主体性意识的重要保障。高校应建立多元化、全面性的评价机制，不仅要关注学生的学业成绩，更应重视他们的综合素质、创新能力和社会责任感的培养。

一些高校在思政课程评价中引入同伴评价、自我评价等多元化评价方式，让学生参与评价过程，通过自我反思和同伴反馈，发现自己的优点和不足，从而制定个人成长计划。同时，设立"社会实践奖""创新创意奖"等奖项，表彰在社会实践、科研创新等方面有突出表现的学生，激励他们不断探索、勇于创新。

完善的评价体系能够为学生提供清晰的发展导向，使他们明确个人努力的方向和目标。同时，通过正向激励，学生能够感受到自己的成长和进步，进一步增

强自我认同感和主体性意识。

综上所述，完善评价体系是激励学生自我发展、强化主体性意识的重要举措。高校应构建科学合理、全面多元的评价体系，注重过程评价与结果评价相结合，为学生提供个性化的成长路径，激励他们在自我发展中不断追求卓越。

第七章 "大思政课"建设视域下大学生主体性作用的发挥路径

要坚持把立德树人作为中心环节,把思想政治工作贯穿教育教学全过程,实现全程育人、全方位育人,努力开创我国高等教育事业发展新局面。[①]

——2016年12月7日至8日,习近平总书记在全国高校思想政治工作会议上的讲话

[①] 习近平:《坚持把立德树人作为中心环节》,《新京报》2016年12月9日,第5版。

第一节　充分利用思政小课堂，激发学生学习积极性

思政小课堂通常指的是传统的、在校园内进行的思政课程。这是"大思政课"系统中的基础性要素，主要承担政治引导、价值引领、理论教育和知识传授等功能。思政小课堂以课堂教学为主要形式，向学生传授马克思主义理论，引导学生树立正确的价值观。

在"大思政课"建设的视域下，思政小课堂的重要性不言而喻。作为教育的主阵地，思政小课堂不仅是传授知识的场所，更是塑造学生思想观念和价值观的关键环节。为了充分发挥学生在思政课中的主体性作用，高校需要充分利用思政小课堂，以激发学生的学习积极性。

一、丰富教学内容，突出问题导向

在"大思政课"的建设过程中，为了进一步激发学生的学习兴趣，教师需要不断丰富教学内容，并突出问题导向。教学内容不应仅局限于传统的思政理论知识，而应融入更多与现实生活紧密相连的案例和素材。

1. 丰富教学内容

思政课程的教学内容应该丰富多样，根据学生的实际情况和学习需求，提供多样化的教材和资源。除了传授政治理论知识和社会科学知识外，思政课程还可以引入哲学、伦理、法律等方面的内容，以拓宽学生的思维和知识领域。多角度、多层次的内容设置，可以激发学生的学习兴趣，增强他们对思政课程的关注和学习积极性。

2. 突出问题导向

在思政课程中，教师应突出以问题为导向的教学方法，通过提出有深度的问题，引发学生思考和讨论。教师可以选择一些具有争议性的现实问题，如道德困境、社会公正、环境污染等。通过让学生从不同角度思考这些问题，可以培养他们的批判思维和分析问题的能力。教师应引导学生深入研究问题背后的原因和影响，拓展他们的思维边界。例如，教师可以组织学生开展辩论，让他们就社会热点问题进行观点交流和辩论，培养学生的辩证思维和表达能力。

3. 结合实际案例

为了使思政课程更贴近实际生活，教师可以结合具体的实际案例进行教学。通过讲解和分析这些案例，可以帮助学生更好地理解和应用所学知识。例如，在探讨人工智能的伦理问题时，可以引入近年来涉及个人隐私泄露、算法歧视等问

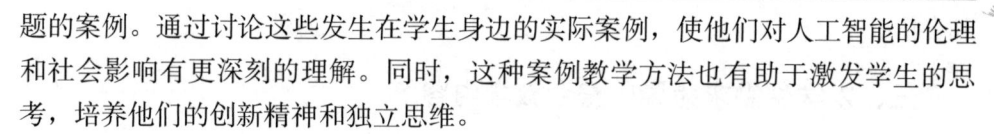

题的案例。通过讨论这些发生在学生身边的实际案例，使他们对人工智能的伦理和社会影响有更深刻的理解。同时，这种案例教学方法也有助于激发学生的思考，培养他们的创新精神和独立思维。

丰富教学内容并突出问题导向，是充分利用思政小课堂的关键。通过引入具有争议性的问题，学生可以在思考和讨论中不断提高自己的思考深度和解决问题的能力。这样的教学方法可以激发学生的学习积极性，使思政课深受学生喜欢。

二、坚持以学生为本的教育理念

在思政课程中，高校应当坚持以学生为本的教育理念。

1. 关注学生的个体差异和成长需求

思政课教学要围绕学生的兴趣爱好、学习方法和学习风格展开，提供多元化的教学手段和资源。教师应与学生建立良好的关系，了解他们的学习需求和目标，并根据学生的实际情况进行个性化的教学设计。通过这种方式，可以激发学生的学习兴趣和自主学习能力，提高课程的吸引力和实效性。

2. 关注学生的思考和实践能力

在思政课程的教学中，教师应着重培养学生的思考能力和实践能力。思政课不仅仅是传授知识和观念，更重要的是培养学生的批判思维和问题解决能力。教师可以通过提出开放性问题、启发性思考和自主探究等方法，引导学生思考问题的不同方面和解决途径。同时，积极组织社会实践活动，让学生亲身参与社会实践，锻炼他们的实践能力和创新能力。通过思考和实践的综合训练，学生将能够更好地认识和了解社会，为未来的社会实践打下坚实的基础。

3. 注重培养学生的社会责任感

思政课程的教学应注重培养学生的社会责任感和道德品质。在教学过程中，教师应当引导学生分析社会的发展需求和问题，培养他们的社会责任感和公民意识。通过讲述和分析社会发展的背景和现实问题，让学生深入思考社会问题的原因和解决办法，激发他们的社会责任感。教师还可以组织社会实践活动，让学生亲身体验社会现实，从而培养他们的社会责任感和担当精神。

4. 培养学生的自主学习能力

思政课程的教学应该注重培养学生的自主学习能力。通过给予学生自主选择和独立探索的机会，可以激发他们的学习兴趣和学习主动性。教师可以引导学生合理规划学习进度和制定学习目标，提供学习资源和辅导指导，帮助学生学会自主管理和掌控自己的学习过程。此外，倡导学生开展学术研究和团队合作，培养学生的独立思考和合作能力。通过这种方式，学生将成为思政课程的学习主体，不仅能够独立学习和掌握知识，还能够在面对问题和挑战时具备解决问题的能力和自信心。

三、以学生需求为导向整合教学内容

以学生需求为导向整合教学内容，这一理念强调教育应以学生为中心，根据他们的实际需求和兴趣来组织和优化教学内容。

1. 理解学生需求

要整合教学内容，需要深入了解学生的需求，包括他们的学习兴趣、学习习惯、学习难点以及期望达到的学习目标等。通过调查问卷、面对面交流或观察学生的学习行为等方式，教师可以更好地把握学生的需求，为整合教学内容提供有力依据。

2. 整合教学内容的原则

在了解学生需求的基础上，教师整合教学内容应遵循以下原则。

第一，实用性原则：教学内容应贴近学生的实际生活和社会需求，让他们感受到学习的实用性和价值。

第二，趣味性原则：通过引入有趣的话题和案例，激发学生的学习兴趣，使他们在愉悦的氛围中学习。

第三，系统性原则：确保教学内容的连贯性和完整性，帮助学生构建完整的知识体系。

第四，灵活性原则：根据学生的实际情况和需求，灵活调整教学内容，以满足不同学生的个性化需求。

3. 整合教学内容的策略

第一，模块化教学。将教学内容划分为若干个模块，每个模块围绕一个核心主题展开，便于学生系统地学习和掌握知识。

第二，跨学科融合。打破学科壁垒，将不同学科的知识进行有机融合，培养学生的综合素养和跨学科思维能力。

第三，引入真实案例。结合学生身边的实例和社会热点问题，使教学内容更加生动、具体，增强学生的实践能力和解决问题的能力。

第四，个性化教学。针对不同学生的特点和需求，提供个性化的教学内容，以满足他们的学习和发展需求。

4. 实施与评估

在实施整合教学内容的过程中，教师需要不断关注学生的反馈和学习效果，及时调整教学策略。同时，定期对教学效果进行评估，以确保教学内容的有效性和针对性。评估可以通过课堂测试、作业成绩、学生满意度调查等多种方式进行。

四、灵活运用教学方法激发学生学习兴趣

思政课作为一门具有特殊性质和目标的课程，需要更加注重学生的参与和学习体验。因此，如何灵活运用教学方法，成为思政课教学研究的重点。通过研究，教师可以更好地了解应如何激发学生的学习兴趣，提高他们学习的积极性和效果。

1. 创设互动环节增加学生参与度

在思政课教学研究中，教师应该积极探索并灵活运用各种互动教学方法，提高学生的参与度。通过设置小组讨论、情景模拟、角色扮演等互动环节，可以激发学生的兴趣，促使他们积极参与课堂讨论和交流。这样的互动环节不仅让学生在课堂中感受到积极的学习氛围，也有利于培养学生的合作能力和批判性思维。通过研究和实践，教师可以不断改进和完善这些互动教学方法，以最大程度地激发学生的学习兴趣和参与度。

2. 引入丰富的示例与案例，增强学生的实际体验

思政课程涉及的社会问题广泛而复杂，理论知识需要有实践案例支撑才能更好地为学生所接受。在思政课程的教学研究中，我们应该注重引入丰富的示例与案例，让学生通过分析和讨论实际案例来理解和把握社会问题。这样的教学方法可以增强学生的实际体验与感受，增强他们对社会问题的认识和理解。通过深入研究并挖掘具有代表性的案例和实例，可以使思政课程更贴合学生的实际需求，激发学生的学习兴趣和深度思考。

3. 利用多媒体技术提升教学效果

多媒体技术的普及为思政课教学提供了更广阔的空间和更丰富的资源。在思政课教学研究中，教师应该善于利用多媒体技术，以提升教学效果。通过使用图像、音频、视频等多媒体资料，可以使思政课程更具吸引力和趣味性。例如，通过播放相关视频、展示生动的图表和图片，可以帮助学生更直观地了解课程内容，并加深对社会问题的理解和认识。此外，多媒体技术还可以为教学内容的呈现提供更多的选择和创新，它具有互动性强的特点，可以激发学生的学习兴趣，提高他们的学习效果。通过深入研究和实践，教师可以不断探索和发展创新的多媒体教学方法，以提升思政课程的吸引力和实用性。

总之，思政课教学应注重灵活运用教学方法，以激发学生的学习兴趣。通过创设互动环节、引入示例与案例、利用多媒体技术，教师能够更好地激发学生的学习兴趣和深度思考，提高思政课程的吸引力和实用性。这样的教学研究可以为思政课程的改革和发展提供有益的借鉴和指导，使思政课程更加符合学生需求，培养有思想、有道德、有文化、有纪律的社会主义建设者和接班人。

第二节 积极延展社会大课堂,实现教学场域和内容的延伸

一、整合校内思政教育力量,做好协同育人工作

整合校内思政教育力量,做好协同育人工作是提高思政教育质量和效果的重要途径。在实施思政教育的过程中,高校内各个相关部门和教学机构都承担着重要的责任和角色。为了使思政教育的开展更加全面、深入和有效,需要将校内的思政教育力量进行整合。

首先,要充分发挥各个部门和机构的优势资源,形成思政教育的合力。例如,教务处可以与学工部、团委等部门共同合作,建立学生的思政教育档案和跟踪服务体系,从而更好地关注和指导学生的思政教育。同时,图书馆和教师发展中心等机构也可以提供相关的学习资源和培训服务,为教师和学生提供支持和帮助。

其次,应实现资源共享,提高思政教育的覆盖面和质量水平。各个部门和机构可以共同开发和分享优质的思政教育课程、教材和教学资源。通过资源共享,可以避免重复建设和教学,节约资源并提高效率。同时,还可以通过开展教师间的交流和合作研究,提高教师的教学能力和水平。

最后,要建立完善的机制和管理体系。学校可以设立专门的思政教育管理部门或委员会,负责统筹协调校内各个部门和机构的思政教育工作。同时,还可以建立定期的交流会议和评估机制,及时总结经验和问题,以便改进和指导教育工作。

二、设立实践教学基地,以现场教学来弥补理论讲授的不足

设立实践教学基地,以现场教学弥补理论讲授的不足,对于提高学生的学习效果和实践能力具有重要作用。理论知识的学习是学生思维的基础,实践教学则能够让学生将所学的理论知识应用到实际问题中,达到知行合一的目的。

首先,设立实践教学基地可以提供学生与理论知识相结合的现场学习机会。实践教学基地可以是企业、社区、实验室等场所,学生亲身参观和体验这些基地,了解实际的工作环境和问题。在实践中,学生可以将所学的理论知识与实际情况相对照,更加深入地理解和掌握概念和原理,培养自己解决实际问题的能力。

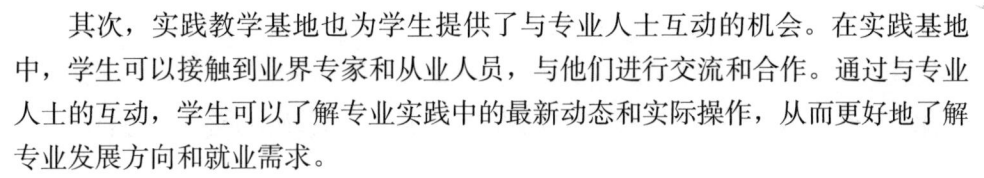

其次，实践教学基地也为学生提供了与专业人士互动的机会。在实践基地中，学生可以接触到业界专家和从业人员，与他们进行交流和合作。通过与专业人士的互动，学生可以了解专业实践中的最新动态和实际操作，从而更好地了解专业发展方向和就业需求。

再次，实践教学基地的设立，让学生还可以参与真实的项目和案例研究。这使学生能够将所学的理论知识应用到具体的项目中，掌握实际操作技能，并培养解决问题和创新能力。同时，这也能培养学生的团队合作精神和实践能力。

最后，设立实践教学基地需要学校与企业、社区等外界合作伙伴之间建立紧密的合作关系。学校可以与外界合作伙伴签订合作协议，共同推进实践教学基地的建设和运营。通过合作，学校可以利用外界合作伙伴的实践资源和专业知识，为学生提供更多的实践学习机会。同时，学校也可以为外界合作伙伴提供先进的理论知识和研究成果，形成互利共赢的局面。

三、把模范人物、创业典型、优秀校友请进来

思政课要把模范人物、创业典型、优秀校友请进来，这对于提升学生的政治意识和职业追求具有重要作用。通过邀请这些杰出人物参与思政课的教学活动，可以给学生树立榜样和带来启示，激发学生的积极向上的情感和行动力。

首先，邀请模范人物参与思政课教学可以为学生树立正面的学习和生活模范。模范人物往往具有道德高尚、业绩卓越的特征，他们以自身的实际行动诠释了正确的人生价值观和社会责任感。学生通过与模范人物互动，可以近距离地感受到他们的品质和精神风范，激发学生自我奋进，树立追求卓越的目标。

其次，邀请创业典型人物参与思政课教学可以为学生提供实际的创业经验和启示。创业典型是那些在创新创业过程中取得成功并具有积极影响力的人物。他们的经历和经验可以帮助学生深入了解创业的挑战和机遇，激发学生对创业的兴趣和信心，引导他们正确面对职业发展的选择与挑战。

再次，邀请优秀校友参与思政课教学可以为学生提供校友发展的成功案例和经验分享。优秀校友往往具有与学生身份相近的背景和经历，他们的成功经验可以更有针对性地引导和激励学生，帮助他们更好地规划自己的未来发展。同时，通过与优秀校友的互动交流，学生可以与校友建立联系或合作关系，为自己的学习和职业发展搭建更广阔的平台。

总之，邀请模范人物、创业典型、优秀校友参与思政课教学需要学校的支持和鼓励。学校可以设立相关的奖励和表彰机制，激励和吸引这些杰出人物参与教育教学活动。同时，学校还可以组织特殊的学术活动和交流会，为学生与这些人物的互动提供平台，促进双方的沟通与交流。

第三节　以思政课程引领课程思政，实现两者同向同行

　　思政课程作为高校思想政治教育的重要组成部分，应该在教学中体现社会主义核心价值观。课程思政指的是将思政教育理念与学科教学相结合，将思政元素融入专业课程的设计、教学过程及评价中，通过专业课程的学习实现学生思想政治素质的提升。以思政课程引领课程思政，实现两者同向同行，这对于提高课程教学的质量和思政价值的实现具有重要作用。

　　在不同时期，习近平总书记就思政课程和课程思政作出了不同的指示。2016年12月7日至8日，在全国高校思想政治工作会议上，习近平总书记指出，其他各门课都要守好一段渠、种好责任田，使各类课程与思想政治理论课同向同行，形成协同效应。2018年9月10日，在全国教育大会上，习近平总书记指出要把立德树人融入思想道德教育、文化知识教育、社会实践教育各环节，贯穿基础教育、职业教育、高等教育各领域。2019年3月18日，在学校思想政治理论课教师座谈会上，习近平总书记指出，要坚持显性教育和隐性教育相统一，挖掘其他课程和教学方式中蕴含的思想政治教育资源，实现全员全程全方位育人。2021年4月19日，习近平总书记在清华大学考察时指出，教师要成为大先生，做学生为学、为事、为人的示范，促进学生成长为全面发展的人。2021年9月，习近平总书记给全国高校黄大年式教师团队的回信中指出，好老师要做到学为人师、行为世范。2022年4月，习近平总书记在中国人民大学考察时指出，培养社会主义建设者和接班人，迫切需要我们的教师既精通专业知识、做好"经师"，又涵养德行、成为"人师"，努力做精于"传道授业解惑"的"经师"和"人师"的统一者。

一、思政课程的核心引领作用

　　思政课程，作为高等教育体系中的灵魂工程，其深远意义不仅在于知识的传授，更在于精神的塑造与价值的引领。在青年学生承担建设社会主义现代化强国这一历史使命的背景下，思政课程的核心引领作用显得尤为关键。思政课程如同一座灯塔，照亮学生前行的道路，为他们成长为新时代的栋梁之材提供坚实的思想基础和价值导向。

　　1. 方向引领：奠定社会主义建设的思想根基

　　思政课程的方向引领，是确保高等教育始终沿着社会主义道路前进的根本保障。它不仅仅局限于课堂内的理论讲授，更是一种全方位的、深层次的价值观塑

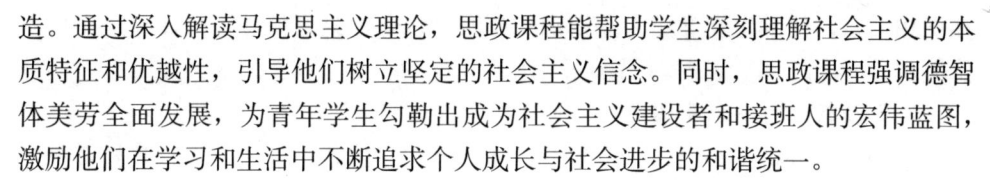

造。通过深入解读马克思主义理论，思政课程能帮助学生深刻理解社会主义的本质特征和优越性，引导他们树立坚定的社会主义信念。同时，思政课程强调德智体美劳全面发展，为青年学生勾勒出成为社会主义建设者和接班人的宏伟蓝图，激励他们在学习和生活中不断追求个人成长与社会进步的和谐统一。

2. 目标引领：构建价值引领与知识传授的有机统一

在目标设定上，思政课程明确以培养具有社会主义核心价值观的高素质人才为己任。这一目标始终贯穿高等教育的全过程，从课程设计到教学实践，无不体现这一核心理念。通过整合各类课程资源，思政课程巧妙地将思政元素融入专业课程，实现知识传授与价值引领的深度融合，使学生在学习专业知识的同时，不断强化对社会主义核心价值观的认同与践行，为成为有理想、有本领、有担当的时代新人奠定坚实基础。

3. 思想引领：激发理论自觉，促进师生共鸣

思政课程的思想引领，是激发学生理论学习兴趣、提升理论素养的重要途径。它不仅强调对马克思主义理论的系统学习，更注重引导学生运用理论分析现实问题，培养其独立思考的能力和批判性思维，从而激活课程思政改革的内在动力。此外，思政课程通过师生间的互动交流，促进思想的碰撞与融合，形成师生共同成长的良好氛围。这种思想上的共鸣，不仅增强了学生的归属感和责任感，也激发了他们为社会主义现代化建设贡献力量的热情和决心。

思政课程的核心引领作用，不仅体现在对学生思想政治素质的直接培养上，更在于其为学生全面发展、为承担建设社会主义现代化强国使命提供了强大的精神动力和价值支撑。在新时代的征程中，思政课程应不断创新教学方法，丰富教学内容，以更加生动、有效的方式，引领青年学生勇担历史重任，为实现中华民族伟大复兴的中国梦贡献力量。

二、课程思政的全方位渗透

课程思政建设作为高等教育创新发展的重要策略，其核心在于打破传统思政教育与专业教育之间的壁垒，实现两者间的深度融合与相互促进。这一建设模式要求各专业课程教师在教学过程中，不仅要传授专业知识与技能，更要深入挖掘课程内在的思政元素，巧妙地将思政教育内容融入专业知识的讲解之中。通过这种方式，学生既能掌握专业知识，也能潜移默化地接受思政教育的滋养，从而培养正确的世界观、人生观和价值观。

1. 挖掘专业课程的思政内涵

各专业课程教师应深入挖掘课程中的思政元素，如工程学课程中的工匠精神、团队协作意识，经济学课程中的公平竞争、社会责任等，将这些元素与专业

知识相结合，使学生在学习专业知识的同时，也能深刻理解并践行社会主义核心价值观。

2. 创新教学方法与手段

采用案例分析、小组讨论、角色扮演等多样化的教学方法，将思政教育内容融入专业课程的教学实践中。例如，通过模拟企业决策过程，引导学生思考经济效益与社会责任之间的平衡，培养他们的社会责任感和职业道德。

这种全方位渗透的课程思政建设模式，不仅丰富了思政教育的形式与内容，也极大地提升了教育的针对性和实效性。它有助于学生在专业学习中感受到思政教育的力量，进而增强其综合素质和社会责任感，为其未来的社会生活与职业发展奠定坚实的思想基础。

三、思政课程与课程思政的同向同行

思政课程与课程思政建设，两者虽各有侧重，但也相辅相成，共同构成高校思政教育的完整体系。思政课程以其独特的理论体系和教育功能，为课程思政建设提供了明确的方向和科学的指导，确保思政教育的正确性和系统性。课程思政建设则通过其在专业课程中的全方位渗透，使思政教育更加贴近学生的实际生活和学习需求，增强了教育的吸引力和感染力。

1. 建立协同育人机制

高校应建立思政课程与课程思政建设的协同育人机制，通过定期研讨、资源共享、教学互评等方式，加强两者之间的沟通与合作。同时，鼓励思政课程教师与专业课程教师共同开发教学资源，实现教育内容的互补与融合。

2. 构建评价体系与激励机制

高校建立科学合理的评价体系，将课程思政建设成效纳入教师教学质量评价和学生学业评价体系中。同时，高校还可以设立专项奖励基金，对在课程思政建设中表现突出的教师和学生进行表彰和奖励，激发广大师生的积极性和创造性。这些措施能确保思政课程与课程思政建设在育人过程中形成合力，共同推动高校思政教育工作的深入发展。

在实践中，高校应充分认识到思政课程与课程思政建设之间的内在联系和互补优势，加强两者之间的协调与配合。通过优化课程设置、整合教育资源、创新教学方法等手段，确保两者在育人过程中形成强大的合力，共同推动高校思政教育工作的深入发展。只有这样，才能为培养德智体美劳全面发展的社会主义建设者和接班人提供有力的思想保障和教育支撑，助力学生在实现个人价值的同时，也为社会的进步和国家的繁荣贡献自己的力量。

第八章　教学实践中灌输与启发的平衡

　　早在两千多年前，孔子就说："后生可畏，焉知来者之不如今也？"青年之于党和国家而言，最值得爱护、最值得期待。青年犹如大地上茁壮成长的小树，总有一天会长成参天大树，撑起一片天。青年又如初升的朝阳，不断积聚着能量，总有一刻会把光和热洒满大地。党和国家的希望寄托在青年身上！[①]

　　——2022年5月10日，习近平总书记在庆祝中国共产主义青年团成立100周年大会上的讲话

[①] 习近平：《在庆祝中国共产主义青年团成立100周年大会上的讲话》，据环球网：https://china.huanqiu.com/article/47x8DlLU66p。

2019年3月18日,习近平总书记在全国思政课教师座谈会上明确指示,"办好思想政治理论课,最根本的是要全面贯彻党的教育方针,解决好培养什么人、怎样培养人、为谁培养人这个根本问题"。在具体的操作层面则要实现"八个相统一",即要"坚持政治性和学理性相统一;坚持价值性和知识性相统一;坚持建设性和批判性相统一;坚持理论性和实践性相统一;坚持统一性和多样性相统一;坚持主导性和主体性相统一;坚持灌输性和启发性相统一;坚持显性教育和隐性教育相统一"。在思政课教学中,无论教学内容的设置还是教学方法的选择,抑或是教学效果的评价,都应通过灌输性和启发性能否有机统一并有效实现体现出来。

第一节　灌输性与启发性

何谓"灌输"?灌输即灌注、输送。灌输理论最早由俄国革命家普列汉诺夫提出。列宁在1901—1902年所写的《怎么办?》中提到,"工人本来也不可能有社会民主主义的意识。这种意识只能从外面灌输进去……工人阶级单靠自己本身的力量,只能形成工联主义的意识"。在生活中,灌输一般有两种情况:一方面是对工人阶级和人民群众进行的对马克思主义、共产主义思想的灌输;另一方面是指在教学中作为知识的掌握者和传授者对学生进行灌输。灌输性则是指教育教学活动中,教育主体进行的教育教学活动所具有的主导性、传输性功能,是教育主体有意识地对马克思主义理论、共产主义思想或各种知识的主动传授。

"启发"的字面意思是开导其心,使之领悟,通常指通过某些语言、思想或事例的阐发,使人产生联想并有所领悟。《论语·述而》中有这样一句话:"子曰:'不愤不启,不悱不发'",意思是学生如果不经过思考并有所体会,想说却说不出来时,就不去开导他;如果学生不是经过冥思苦想而又想不通时,就不去启发他。朱熹对"启发"的理解是"启,谓开其意;发,谓达其辞。"只有当学生处于积极思维状态时,教师才能抓住时机诱导、指导和启发他。在教学中,"启发"常指启发式教学,是教师对学生通过知识的传授过程实现的学习的领悟和收获,学生在此过程中能体会到主动学习的乐趣,并能调动学生学习的积极性和参与性。所以启发一定是对积极思考的学生的引导。教师给学生提供现成的答案,直截了当地告诉学生应该如何做,就谈不上启发。

第二节　思政课教学中存在的问题

思政课因其课程性质和教学目标的特殊性，具有与其他科目不同的教学要求。也因其特殊性，导致思政课教师对课程的把握和由此产生的教学效果会大不相同。总体来看，思政课课堂教学并不尽如人意，具体可概括为以下三种表现。

一、灌输说教多，启发引导少

思政课不同于高校的其他专业课，因为它具有鲜明的政治性，是对大学生进行意识形态教育的课程。高校是对大学生进行思想政治教育的主阵地，思政课是对学生进行思想政治教育的主渠道，要把学生培养成认同马克思主义指导、中国共产党领导、社会主义道路、改革开放的社会主义建设者和可靠接班人。思政课也不同于其他的公共课，因为其学理性和价值性更强。思政课的核心和灵魂是马克思主义理论与新时代中国特色社会主义思想。由于课程的理论性强，任课教师要做到真学真懂、举重若轻并不容易，在教学中往往容易照本宣科，在把教材体系转变为教学体系、把深奥难懂的教材语言转化为生动活泼的教学语言方面做得不到位。这容易让学生感觉是在被灌输和说教，从而认为思政课枯燥乏味。在实际的教学过程中，思政课的课堂出勤率和抬头率、点头率都不高就能证明这一点。由于教师在思政课教学中多以灌输说教为主要教学方式，因而教师对学生的启发和引导作用较弱，这也是提升思政课教学效果必须考虑的问题。

二、课堂讲解多，学生参与少

在传统的思政课课堂教学中，教师作为课堂的主导者兼主体，在课堂上滔滔不绝，学生则总是默默无声。这俨然是教师在唱独角戏，学生则是毫无表情的观众，或者干脆低头玩手机，似乎讲课与己无关。由于思政课的理论性强，且在很多高校不受重视，加之学生对思政课不够重视，这直接导致学生的课堂积极性不高，甚至有的学生把其他功课的作业放在思政课课堂来完成。从任课教师的角度来看，由于思政课的五门课程涉及多学科知识，日常工作中不注重阅读和积累的教师，会因为知识积淀的不足而影响自己的学术魅力。还有一个重要的原因是，很多学校在实际的教学安排中，不能保证思政课的教学时数，限于教学内容与教学时数的不匹配，部分思政课教师在课堂上急于完成教学任务，而忽略了学生的参与。

三、知识传授多，触动心灵少

在传统的思政课教学中，教师更注重知识的传授。作为知识的掌握者和传输者，教师讲授知识是无可厚非的。韩愈说，"师者，所以传道授业解惑者也"。"道""业"都是知识性内容，前者指知识、真理、人生道理等，后者指谋生的技能、工作、职业等。在任课教师眼里，思政课是一门课程，教师当然具有传授知识的责任。并且，思政课是政治性很强的意识形态课程，学生难以通过自学实现成才。在教学过程中，也存在教师过分注重知识的传授，而对学生的启发引导不足的问题。有位哲人曾经说过，教育的本质是一棵树摇动另一棵树，一朵云推动另一朵云，一个灵魂召唤另一个灵魂。只有尊重思想政治教育规律、学生的成长成才规律，贴近学生的生活和学习，了解学生的兴趣和关注点，才能做到启发学生、引导学生，从而产生较好的教学效果。教师若只是一味地传授知识点，对教材内容不进行加工、选择、优化和补充，不把教材体系转变成教学体系，不形成个性化的教学风格，那么思政课的教学效果就会大打折扣。

第三节　思政课教学要实现灌输性和启发性相统一

在思政课教学中，灌输性和启发性缺一不可，互为补充。思政课程的政治性和价值性决定了必须由思政课教师对学生进行政治引导和价值引领，因而灌输是必不可少的教学环节。笔者所指的灌输，不是具体的教学方法，而是对课程教学的原则性规定，是对学生主动进行内容传授，以及对培养社会主义合格建设者和可靠接班人的使命担当。笔者所指的灌输也不是简单的说教和"填鸭式"教学，而是以培养学生的问题意识为导向，以关注学生成长成才为目标；既注重实现宣传党和国家治国理政方略，又注重学生分析问题和解决问题能力的培养；既有知识的传授，又有学生主动参与的灌输与启发并重的教学相长的过程。

一、教师教学理念的转换——以教师为主导，以学生为主体

习近平总书记在学校思想政治理论课教师座谈会上特别强调了教师的重要作用，他指出，办好思想政治理论课关键在教师，关键在发挥教师的积极性、主动性、创造性。思政课教师，要给学生心灵埋下真善美的种子，引导学生扣好人生第一粒扣子。

在思政课教学中，教师是关键，起主导作用。教师要根据教材内容和学生发展的需要进行内容的重置和整合，要有控制教学节奏的能力，要根据课程性质和教学安排做到既注重思政知识的学理性、思辨性和政治性、价值性，又要用时

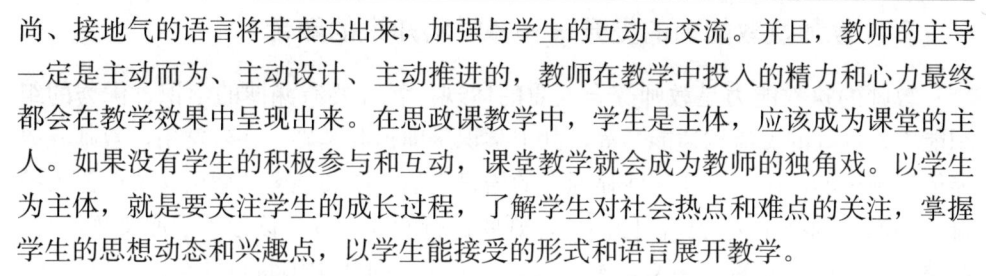

尚、接地气的语言将其表达出来，加强与学生的互动与交流。并且，教师的主导一定是主动而为、主动设计、主动推进的，教师在教学中投入的精力和心力最终都会在教学效果中呈现出来。在思政课教学中，学生是主体，应该成为课堂的主人。如果没有学生的积极参与和互动，课堂教学就会成为教师的独角戏。以学生为主体，就是要关注学生的成长过程，了解学生对社会热点和难点的关注，掌握学生的思想动态和兴趣点，以学生能接受的形式和语言展开教学。

在这个部分需要强调的是，近些年来由于思政课改革对学生主体地位的提倡和呼吁，也确实出现了课堂笑声不断、学生参与度高的热烈场面。但是问题在于个别思政课教师与学生的互动还停留在简单的问答，或者讲段子环节。真正的以教师为主导，以学生为主体一定是思想的引领、知识的深化、形式的多元综合相加后服务于教学质量的实质提升，而不是为了追求热烈场面的故意为之和哗众取宠。

二、教师教学方法的更新——参与式教学与启发式教学

教育家夸美纽斯说，一个能够动听地、明晰地教学的教师，他的声音便该像油一样浸入学生的心里，把知识一道带进去。只有更新传统的教学方法，才能提升思政课教学的质量。新式的教学方法，如案例式教学、情境式教学、探究式教学、讨论式教学、参与式教学等，归根结底可以概括为主要的两种，即启发式教学和参与式教学。思政课无论采用何种教学方法，最终都是要通过学生的积极主动参与达到春风化雨、润物无声的启发式效果。

参与式教学并不排斥灌输，学生只有通过教师的讲授才能真正理解马克思主义基本原理等一些理论性强的内容，学生也只有通过教师的富有情怀的宣讲才能被其学理性和知识性所折服，坚定社会主义和共产主义信念。在课堂教学中，教师对知识和价值的灌输必不可少，前提是教师对学生的知识和情感需求有一定程度的了解，这样的灌输式教育才是有效的。必须保证学生在课堂上的主体地位，所谓以学生为主体，即指学生是教学环节中最重要的且不可缺少的部分。如果没有做到以学生为主体，那么以教师为主导就会成为一句空话。因为没有对象，就谈不上谁来主导。同时需要指出的是，学生的参与相对容易被保证是因为教师只要提供空间和时间就可以，甚至即使不能在课堂上充分参与，还可以用线上线下相结合的方式来补充。启发式教学则不容易做到，教师要引导学生发现、分析和解决问题，而不是自己提出问题并给出方案。教师要设计情境引导学生在追问和探寻中找到答案，而不是告诉学生现成的答案。启发式教学是对学生进行引导、启示，最终让学生得以领悟和成长。

三、教师执教能力的提升——多学科知识的融合

教师的执教能力是教师综合素质的体现，教师要有渊博的学识、优秀的组织能力、良好的交流沟通能力等，其中学识是前提和基础。在教学中，教师既要能体现理论的深度，又要用浅显通俗的语言表达，既要能旁征博引又要能深入挖掘。因而教师必须进行广泛的阅读，既要进行专业阅读，读原著学原文悟原理，搞清楚、弄明白马克思主义基本原理、习近平新时代中国特色社会主义思想等，又要涉猎社会学、伦理学、心理学、历史学、政治学、文学等多学科知识。阅读要成为教师的一种生活方式。就像习近平总书记提到的"读书可以让人保持思想活力，让人得到智慧启发，让人滋养浩然之气"，这样的思政课教师一定能展现学术魅力。

教师还需要有家国情怀、仁爱情怀，在教学中体现人本关怀。习近平总书记在全国思政课教师座谈会上指出，思政课教师"政治要强，情怀要深，思维要新，视野要广，自律要严，人格要正"。其中"政治要强"指思政课教师要有坚定的政治立场和高尚的政治信仰，这是思政课教师的立教之基。"情怀要深"是《新时代爱国主义教育实施纲要》中提出的，要"加强思想政治理论课教师队伍建设，让有信仰的人讲信仰，让有爱国情怀的人讲爱国。"思政课教师不仅要心怀祖国和人民，而且要立足长远，着眼大局，从培养实现"两个一百年"奋斗目标的建设者和接班人的战略高度着眼办好思政教育。同时，思政课教师也要有仁爱情怀，"老吾老以及人之老，幼吾幼以及人之幼"。几乎所有桃李满天下的优秀教师都是兼具学识能力和人格魅力的教师，不仅能从专业方面给学生以指导和引领，更能从做人做事的角度对学生产生影响和熏陶。所以，思政课教师只有以学生为本，关心爱护学生成长成才，才能在潜移默化间给学生以知识、信仰和人格的力量，最终成为优秀的思政课教师。

总之，思政课教师在教书育人和立德树人方面具有比高校其他学科教师更强的历史使命感和责任感。因而，在教学过程中思政课教师不仅要改革过去传统的教学方法与教学原则，还应该结合时代的发展和学生的特点，进行更多的创新，尤其是在灌输性和启发性的结合方面进行更多的思考和探索。这种思考和探索不应该仅仅停留在教学方法上，灌输和启发从表面来看是方法的区别，其实更多的是任课教师教学理念的升华和转变、教学内容的与时俱进和贴近学生、教学方法的不断创新与因时而变。思政课教师通过不断学习实现自我提升、通过走进学生了解需求、通过把握时局了解形势，要努力把思政课讲成教育部陈宝生部长提倡的"配方"先进、"工艺"精湛、"包装"时尚的"金课"。思政课教师也要展现出人格魅力和学术魅力，以春风化雨的方式不露痕迹地培养学生的人格和学术能力，实现不教而教、潜移默化的教育效果。

第九章　红色文化在思政课中的融入

　　要抓好青少年学习教育，着力讲好党的故事、革命的故事、英雄的故事，厚植爱党、爱国、爱社会主义的情感，让红色基因、革命薪火代代传承。①

　　——2021年2月20日，习近平总书记在党史学习教育动员大会上的讲话

---

①习近平：《在党史学习教育动员大会上的讲话》，《求是》2021年7期。

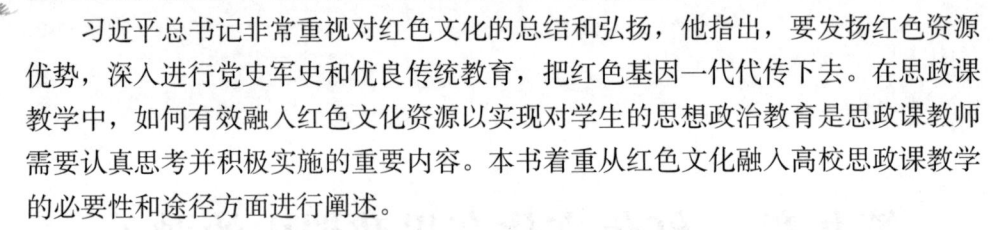

习近平总书记非常重视对红色文化的总结和弘扬,他指出,要发扬红色资源优势,深入进行党史军史和优良传统教育,把红色基因一代代传下去。在思政课教学中,如何有效融入红色文化资源以实现对学生的思想政治教育是思政课教师需要认真思考并积极实施的重要内容。本书着重从红色文化融入高校思政课教学的必要性和途径方面进行阐述。

第一节 红色文化融入高校思政课教学的必要性

鉴于红色文化是中国共产党执政文化的重要组成部分,是新民主主义革命以来马克思主义传入中国、中国共产党成立后带领中国人民进行不屈不挠的反帝反封建斗争并创建中华人民共和国进而进行社会主义建设及改革的历史过程的精神凝练。不重视红色文化就讲不通中国历史和人民进行"四个选择"的必然性,思政课教师对学生进行思想政治教育的首要目的是立德树人,铸魂育人,帮助大学生扣好人生的第一粒扣子,成长为社会主义合格的建设者和接班人。

一、红色文化是中国精神的重要内容

实现中国梦必须弘扬中国精神。这就是以爱国主义为核心的民族精神,以改革创新为核心的时代精神。中国精神是在革命、建设和改革时期体现在中国人身上的团结统一、爱好和平、勤劳勇敢、自强不息的民族精神和与时俱进、开拓创新、求真务实、奋勇争先的时代精神的统一。红色文化是中国精神的重要内容,中国精神是红色文化的集中体现。红色在汉语中代表着热烈、激情、希望、忠诚、革命、牺牲等内涵,红色文化是中国人民进行可歌可泣的争取民族独立和人民解放的革命战争文化传统,是中华人民共和国成立后面对内外压力进行社会主义建设的探索、进行改革开放的勇气和新时代实现中华民族伟大复兴的愿景。讲中国精神就是要浓墨重彩地讲红色文化,讲红色文化也是在宣扬和倡导传承中国精神。

二、红色文化是思政课程的主体内容

大学阶段的五门思政课程都是对学生进行思想政治教育的主干课程和主要阵地。红色文化所包含的革命文化、建设文化和改革文化是贯穿于中国近现代历史的主流文化,也应该成为对当代大学生进行思想政治教育的主体内容。只有了解中国和中国人民在各个阶段所进行的可歌可泣的抗争史、拼搏史、奋进史,才能对现实享有的幸福生活和未来仍需承担的社会主义建设者的重任加强了解,培养使命感。毋庸置疑的是,现实的网络生态和社会现象对培养大学生正向、积极的

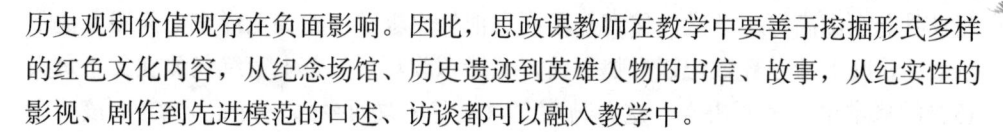

历史观和价值观存在负面影响。因此，思政课教师在教学中要善于挖掘形式多样的红色文化内容，从纪念场馆、历史遗迹到英雄人物的书信、故事，从纪实性的影视、剧作到先进模范的口述、访谈都可以融入教学中。

三、红色文化是涵育青年价值观的天然载体

思政课教师只有明确培养什么人、怎样培养人、为谁培养人这一根本问题，才能在教学中针对国家和民族的需要、针对网络和社会层面的不足、根据教材选取相应的教学手段和合适的教学内容。大学生正处于世界观、人生观和价值观的养成时期，他们通过多种渠道实现社会化，其中网络、同辈群体是最重要的两种途径。无论是网络乱象对大学生的影响，还是青年群体的亚文化对大学生的影响，都存在一定程度的负面情形。因此，在课堂教学中，思政课教师要精心选取多样化的红色文化内容，并结合大学生喜闻乐见的表现形式加以呈现。思政课教师在教学中开展的我家乡的英雄、重唱红歌、重塑红魂、影视赏析、情景再现等教学活动都吸引了学生的参与，并取得了良好的效果，这无疑会对大学生的价值观塑造起到正向的、积极的作用。

第二节　红色文化融入高校思政课教学的有效途径

一、红色文化典型化，增强思政课的感染力和亲和力

习近平总书记强调，"要把红色资源利用好，把红色传统发扬好，把红色基因传承好"。红色资源、红色文化是思政课教学的重要内容，在对特定红色文化资源进行选取时，教师要坚持"典型化"原则，以最能辅助内容的教学、最能影响和感召学生、最能凸显思政课熏陶和感染功能为目标展开。这三个"最能"要求教师所选取的内容应该是任课教师所掌握的资料中最恰如其分、独一无二的选择。如果所选取的内容是可有可无的，学生了解后根本无法产生共鸣，那么该内容一定没有体现典型性。如果能结合学生的年龄特点、接受程度等选取学生感兴趣的故事、案例、书信诵读方式让学生或如身临其境，或受启发感染，或会思考感悟，那么就能达到典型性的要求。如在《思想道德与法治》这一课程中，教师讲到理想信念时，预先考虑到现在的大多数大学生生活条件优越，不能理解革命年代的志士先贤们为什么会有"砍头不要紧，只要主义真"的信念和坚持，同时，大学生也是有理想、有目标，希望实现自己的价值并获得他人认可的年轻群体。因此，教师可以选取伟人们在青年时代曾面临的困扰给学生们提供参考。例如，1910年秋天，17岁的毛泽东离开家乡外出求学时的故事。毛泽东考入湖南

湘乡县立东山高等小学堂，父亲并不同意他外出求学，希望毛泽东白天跟着他下地干活，晚上帮他算数记账。临行前，毛泽东改写了一首七言绝句放在父亲每天必看的账本里，表明决心。这首诗就是《七绝·改西乡隆盛诗赠父亲》：孩儿立志出乡关，学不成名誓不还。埋骨何须桑梓地，人生无处不青山。这首诗想表达的是青年时期每个人都该树立自己的志向，不同的志向会导向不同的人生。

二、红色文化本土化，培育学生对思政课的亲近感和熟悉感

思政课教学最大的难题在于如何摆脱说教，让学生尽可能多地感觉自己是在受启发受引导而不是被说教，如何在潜移默化、春风化雨中让学生接受思想政治教育的洗礼，实现价值观的科学塑造。因此，在进行教学设计中，教师应力图让学生成为教学活动的重要一环，发挥学生的主体作用。红色文化内容丰富，对于教学而言只需要选取最能实现教学任务和目标的内容就好，因此，教师要结合学生的接受度、兴趣点等进行一定程度的取舍。

选取本土红色文化作为思政课的教学内容，有利于学生以有组织的形式或者自发的形式就近体验本土红色文化。身临其境参观历史展品或者听取专业讲解更能让大学生体会战争年代的烽火连天和当时人们的历史选择，接受爱国主义教育的洗礼。笔者所在的山西省作为抗日战争和解放战争时期的重要作战区域，有众多历史遗迹和英雄人物。在思政课教学中，必要的情况下，笔者会选取山西本土红色文化资源融入教学内容中，让学生在课堂呈现家乡的历史遗迹、纪念场馆以及英雄事迹，既调动其参与课堂活动的积极性，又因亲近感和熟悉感而对红色文化产生情感共鸣，于潜移默化中接受红色文化教育。同时教师还会组织学生周末去博物馆、纪念馆参观学习并撰写考察报告在课堂进行分享。这能使本土化的红色文化资源在学生的头脑中活起来，增添了亲近感，学生普遍反映历史能够走近现实。

三、红色文化时代化，助推思政课更接地气

红色文化以革命文化为主体，其原生性内容是革命与战争年代中国共产党及其所领导的军队体现出来的拼搏和牺牲精神，以及其往昔活动区域的历史遗迹，后继的纪念场馆以及作为其文学载体的红色经典歌曲、影像文学作品等。革命战争年代的革命文化和革命精神需要代代传承，但其话语系统却需随时代发展而不断变化。教育是一门大学问，教育效果不仅仅受限于教育者的知识和素养，也受限于受教育对象的特点和教育内容的表现方式。00后高校大学生是在市场经济大潮下成长起来的一代人，和平的环境、丰富的商品、优越的生活、便捷的网络使少部分青年人养成重物质享受、轻精神追求的陋习，甚至有的人推崇"佛系"

和"丧"文化。在教学过程中，思政课教师要结合时代特点和学生的审美情趣，利用创设情境、表演情景剧等多种形式增强大学生的代入感，会取得较好的教学效果。教育部党组书记、部长陈宝生认为，要"把思政课讲得'有滋有味'，课堂教学要做到'配方'先进、'工艺'精湛、'包装'时尚，给学生提供香味形俱佳的精神大餐，让他们喜欢'吃'"。

四、红色文化网络化，体现思政课的直观性和生动性

当代高校学生作为网络原住民，对网络信息的沉迷和网络表达方式的喜爱是情不自禁的。因此，在高校思政课教学中，教师采用传统的灌输说教的形式收效甚微，除了上述的话语转换和情境设置外，内容的形式转换和载体创新也很有必要。因为红色文化作为思政课程的重要组成部分和支撑力量，也需要进行与时俱进的"包装"和"有知有味"的言说。当历史故事和英雄人物以视频、动漫、情景剧的形式呈现出来时，学生往往看得兴味盎然。尤其是 VR 技术可以复原长征、抗日战争等历史事件过程中的某些情景。身临其外却如置身其境，大学生普遍表示非常震撼。同时，课堂上也可以进行情景剧表演，大学生通过情境复原、角色扮演等形式能对历史事件和英雄人物留下深刻印象，由此学生总是不由自主被思政课吸引，课堂的参与度、抬头率和点头率都会大大提升。

红色文化作为贯穿我国近现代历史发展的重要内容，也是共产党执政文化的重要内容，体现了历史和人民进行"四个选择"的必然性。红色文化必须融入高校思政课教学中，而这个融入的实现，关键在思政课教师。思政课教师在教学过程中要进行整体教学设计，一是需要将系统、持续的教学活动有机融入五门不同的思政课程中，并且两者互为补充，真正把红色文化所蕴含的积极、奋斗、奉献、创新等正能量价值观传达给学生，逐步强化青年大学生对红色文化的全面认知和正向认同。二是要实现红色文化的载体创新、内容丰富和形态活化，突破以往的单向度言说方式，向交互式的、立体式的展现方式转换。鉴于大学生喜欢直观、生动、有趣的内容，思政课教师也应以他们喜闻乐见的形式呈现教学内容，如"微言微语微视频"等。教师的能力和精力有限，可以利用学生熟悉网络且善于使用电脑软件的特点，给他们分组布置相应的展示内容，在课内外进行小组互评和分享。三是红色文化的传承是全社会的使命和责任，社会层面、媒体层面也应倡导阅读红色经典、敬仰革命英雄，通过多种途径把红色文化和红色基因一代一代传承下去。

第十章　克服技术障碍，高效运用技术

很多学校在思政课上积极采用案例式教学、探究式教学、体验式教学、互动式教学、专题式教学、分众式教学等，运用现代信息技术等手段建设智慧课堂等，取得了积极成效。这些都值得肯定和鼓励。[①]

——2019年3月18日，习近平总书记在学校思想政治理论课教师座谈会上的讲话

[①] 习近平：《用新时代中国特色社会主义思想铸魂育人 贯彻党的教育方针落实立德树人根本任务》，《光明日报》2019年3月19日，第1版。

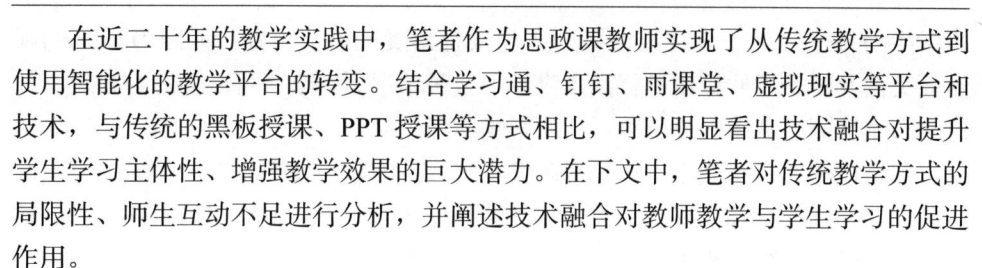

在近二十年的教学实践中，笔者作为思政课教师实现了从传统教学方式到使用智能化的教学平台的转变。结合学习通、钉钉、雨课堂、虚拟现实等平台和技术，与传统的黑板授课、PPT 授课等方式相比，可以明显看出技术融合对提升学生学习主体性、增强教学效果的巨大潜力。在下文中，笔者对传统教学方式的局限性、师生互动不足进行分析，并阐述技术融合对教师教学与学生学习的促进作用。

第一节　传统教学方式的局限性

传统教学方式的局限性较为明显，师生教学体验相对较差，以下主要从思政课教师的角度谈谈教学实践中的实际感受以及进行一点经验分享。

一、黑板授课的局限与教师体验

黑板授课受限于书写速度和板面大小。在有限的课堂时间内，思政课教师往往只能呈现有限的信息，难以全面、深入地展示丰富的课程内容。同时，为了腾出空间书写新内容，教师需要不断擦除旧内容，这一过程可能导致学生无法形成完整、连贯的知识体系，进而影响学习的连贯性和深度。

从教师的实际感受来看，黑板授课时，教师往往需要花费大量精力在书写和擦除板书上，这不仅占用了宝贵的课堂时间，还容易使教师感到疲惫。此外，由于黑板授课主要依赖教师的口头讲解和板书，学生参与度相对较低，互动机会有限，学生在课堂上缺乏即时反馈，表情呆滞，甚至有时会出现注意力不集中的情况，这无疑会影响学生的学习积极性。

二、PPT 授课的挑战与教师的实践反思

PPT 授课虽然在一定程度上克服了黑板授课的信息量限制，但其自身也存在明显的局限性。思政课教师如果过度依赖 PPT，就可能会陷入"放映员"的角色，学生则成为被动的"观众"。这种情况下，教学过程中的互动和讨论往往被忽视，学生的主体性和自主性难以得到充分发挥。

此外，PPT 内容的制作也是一大挑战。思政课教师可能会发现，为了呈现更多的信息，PPT 内容有时可能过于简洁，导致学生难以理解；而如果内容过于详细，又可能使学生感到冗长和枯燥。如何把握教学重点和难点，制作出既简洁又富有深度的 PPT，是思政课教师在实践中需要不断探索的问题。

从教师的实践来看，PPT 授课虽然提高了信息呈现的效率，但也带来了新的问题。按照预设流程进行的 PPT 授课往往难以根据课堂实际情况进行灵活调整。

当学生对某个知识点表现出浓厚的兴趣或提出疑问时，教师可能因为PPT的限制而无法及时给予回应或进行深入讲解。这种情况下，学生可能会因为缺乏参与感和自主性而感到无聊或分心，从而影响学习效果。

综上所述，传统教学方式的局限性在思政课教学中表现得尤为明显。思政课教师需要不断探索和实践新的教学方法和技术手段，以克服这些局限性，提高教学效果和学生的学习积极性。

第二节　技术融合对教与学的推动作用

通过技术融合，学生可以更加自主地选择学习内容、方式和节奏。例如，在学习通上预习资料、在钉钉上参与实时互动、在雨课堂上进行随堂测验等。这些活动有助于培养学生的自主学习能力和批判性思维。

技术融合为师生提供了更多互动和交流的机会。教师可以通过钉钉的视频会议功能与学生进行实时问答和讨论；通过雨课堂的随堂测验功能即时了解学生的学习情况并给予反馈；通过虚拟现实技术创造情境让学生身临其境地体验课程内容等。这些互动有助于增进师生之间的了解和信任，提高教学效果。

一、学习通应用场景及优势

第一，课前预习与资料获取方面，教师可以在学习通平台上发布课程预习资料、相关文献和视频，要求学生课前自主学习。学生可以通过学习通随时随地查看这些资料，提高预习效率。

第二，在线测试与反馈方面，学习通提供了丰富的在线测试功能。教师可以根据教学进度设置章节测试、期中期末测试等，及时了解学生的学习情况。学生可以通过测试结果进行自我反思，明确学习中的薄弱环节。

学习通是基于云数据的交互式教学平台，改进了传统的教学模式，提升了教学效果，有效促进了学生自主学习能力的培养。丰富的在线资源和便捷的测试功能，有助于提高学生的主动性和参与度。

二、钉钉应用场景及优势

钉钉的视频会议功能可以实现师生之间的实时互动。在思政课的教学中，教师可以利用钉钉进行直播授课，对于学生在直播过程中的提问，教师可以做到即时解答，增强课堂互动性。钉钉的作业提交和批改功能，方便学生提交作业，教师可以在线批改并给予反馈。这种即时反馈有助于学生及时纠正错误，加深学生对知识点的理解。

钉钉的实时互动功能打破了时间和空间的限制，使师生之间的交流更加便捷和高效。在线提交与批改作业，提高了教学效率，减轻了教师的工作负担。

三、雨课堂应用场景及优势

第一，课前预习与提醒方面，雨课堂的数据分析机制可以检测学生的课前预习情况，对于未完成预习的学生有自动提醒功能。这有助于确保每位学生都能做好课前准备，提高课堂学习效率。

第二，随堂测验与反馈方面，在课堂上，教师可以利用雨课堂进行随堂测验，即时了解学生对知识点的掌握情况。测验结果可以立即反馈给学生和教师，有助于教师及时调整教学策略，针对学生的薄弱环节进行重点讲解。

雨课堂的学习功能贯穿课前、课上、课后，形成了一个完整的教学闭环，有助于提高学生的学习连贯性和系统性。强大的数据分析机制，为教师提供了精准的教学反馈，有助于实现个性化指导。

四、虚拟现实技术的应用场景及优势

思政课的具体内容相对应的知识场景，以笔者近几学期讲的"马克思主义基本原理"为例，虚拟现实技术可以模拟教材中所描述的特定历史场景或社会现象，如资本主义生产方式的运作过程、工人阶级的生活状态等。学生可以通过VR设备身临其境地体验这些场景，增强对理论知识的理解和感受。

在虚拟现实环境中，学生可以与虚拟对象进行互动，探索不同的情境和结果。例如，在模拟资本主义生产方式的场景中，学生可以尝试改变生产条件或劳动组织方式，观察这些变化对生产关系的影响。这种互动探索式学习有助于激发学生的学习兴趣和创新思维。

虚拟现实技术将抽象的理论知识具象化，使学生更容易理解和掌握。沉浸式的体验增强了学生的学习参与度和情感体验，有助于培养他们对马克思主义理论的认同感。

此外，虚拟现实技术有助于拓展教学空间。虚拟现实技术打破了传统教室的物理限制，使教师能够营造更加生动、逼真的教学场景。这有助于激发学生的学习兴趣和好奇心，提高他们的学习积极性和参与度。

因此，技术融合在思政课的教学中发挥了重要作用。它不仅克服了传统教学方式的局限性，还推动了教师教学方式的创新和学生学习方式的转变。通过网络平台的支持和促进，教师可以更加高效地备课和授课，学生可以更加自主地学习和探索。这种技术融合的教学模式有助于培养学生的自主学习能力和创新思维，提高他们的学习积极性和参与度。在课程教学中，结合学习通、钉钉、雨课堂、

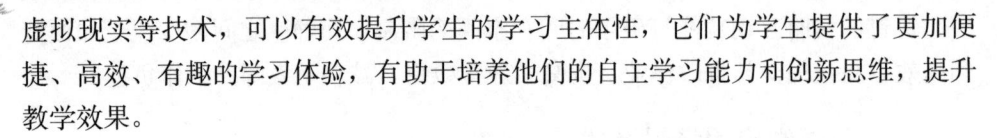

虚拟现实等技术，可以有效提升学生的学习主体性，它们为学生提供了更加便捷、高效、有趣的学习体验，有助于培养他们的自主学习能力和创新思维，提升教学效果。

第三节　克服技术障碍，高效运用技术

信息化时代，技术已成为提升教学质量的重要手段。对于思政课教师而言，克服技术障碍，在思政课程的讲授中高效运用技术，是提升教学效果、激发学生学习兴趣的关键。

一、正视技术恐惧，积极接纳新技术

思政课教师应正视自己对新技术产生的恐惧和抵触情绪，这种情绪往往源于对技术的不熟悉和对新变化的担忧。然而，教师应深刻认识到，技术是推动教育创新的重要力量，只有积极接纳并学习新技术，才能跟上时代的步伐，为思政课教学注入新的活力。因此，思政课教师应以开放的心态，勇于尝试新技术，如虚拟现实、人工智能等，并将其巧妙地融入课程的讲授中，以丰富教学内容，提升教学效果。

二、参加技术培训，提升技术技能

为了克服技术技能障碍，思政课教师应积极参加各种形式的技术培训。这些培训不仅包括线上课程、工作坊、研讨会等，还可以邀请技术专家进校指导，帮助教师掌握新技术的基本操作和应用方法。通过不断学习和实践，思政课教师可以逐渐提高自己的技能，从而更加熟练地运用新技术讲授课程内容，使思政课教学变得更加生动、有趣。

三、结合思政课教学实际，创新技术应用

在掌握一定技术技能后，思政课教师应结合所讲课程的教学实际，创新技术应用。教师可以根据课程内容和学生需求，选择合适的技术工具和教学方法，如利用学习通进行课前预习和资料分享，通过钉钉进行实时互动和答疑，借助雨课堂进行随堂测验和数据分析等。这些创新应用不仅有助于提升教学效果，还能激发学生的学习兴趣和积极性，使思政课教学更加贴近学生实际，增强教学的针对性和实效性。

四、反思教学实践，不断优化技术使用

在教学实践中，思政课教师应不断反思自己的技术使用效果，并根据实际情况进行调整和优化。教师可以收集学生的反馈意见，了解他们对技术应用的感受和建议，从而有针对性地改进教学方法和策略。同时，教师还应关注技术的发展动态，及时更新自己的技术知识和技能，以确保在技术融合的教学中保持领先地位，不断完善思政课教学。

五、寻求同行支持，共同提高技术水平

思政课教师在克服技术障碍的过程中，不应孤军奋战，可以寻求同行的支持和帮助，共同探讨技术应用的经验和困难。通过交流和合作，思政课教师可以相互学习、取长补短，共同提高技术水平。此外，教师还可以参加相关的学术研讨会和教研活动，与更多同行分享教学经验和心得，从而不断拓宽自己的视野和思路，推动思政课教学的创新与发展。

第十一章　思政教师要实现"六要""八统一",发挥主导作用

"思政课教师,要给学生心灵埋下真善美的种子,引导学生扣好人生第一粒扣子。"①

——2019年3月18日,习近平总书记在学校思想政治理论课教师座谈会上的讲话

新征程上,希望你们和全国广大教师以教育家为榜样,大力弘扬教育家精神,牢记为党育人、为国育才的初心使命,树立"躬耕教坛、强国有我"的志向和抱负,自信自强、踔厉奋发,为强国建设、民族复兴伟业作出新的更大贡献。②

——2023年9月9日,习近平总书记致全国优秀教师代表的信

---

①习近平:《用新时代中国特色社会主义思想铸魂育人 贯彻党的教育方针落实立德树人根本任务》,《光明日报》2019年3月19日,第1版。
②《习近平致全国优秀教师代表的信》,据新华网:http://www.qstheory.cn/yaowen/2023-09-09/c_1129854536.htm。

为了实现"六要""八统一",充分发挥思政教师在教学中的主导作用,思政课教师要努力成为"六要"好老师,这是基础也是关键。

第一节 思政课教师要做"六要"好老师

"六要"标准即政治要强、情怀要深、思维要新、视野要广、自律要严、人格要正。思政课教师要引导学生,就要理解学生,赢得学生的信任,利用课前、课间和课后的所有机会走近学生,成为学生思想上的"知情人"、心灵上的"知心人"和生活中的"贴心人"。

一、政治要强,理论素养深厚

政治要强,强调的是在政治思想领域,思政教师应具备坚实的理论基础与卓越的政治素养,这是其职业身份的核心要求,也是保障思政教育高质量开展的重要基石。此要求根植于思政教育的独特地位与深远意义,它要求思政教师在政治思想上构筑坚固的根基,展现出高尚的政治品格,忠诚践行党的路线、方针、政策,并具备敏锐的政治洞察力与卓越的思政教育技能,并以此为依托,为学生提供高水平的思政教育服务。

1. 坚定马克思主义信仰

马克思主义作为思政教育的灵魂,要求思政教师深刻理解并坚决拥护其基本原理与核心价值观。教师应不断增强马克思主义思想自信,确保在教学过程中能准确传达马克思主义的精神实质与核心理念,引导学生树立正确的世界观、人生观和价值观。

2. 展现高尚政治品质

思政教师应具备深厚的爱国主义情感、崇高的社会责任感及强烈的服务意识。他们应以身作则,坚持廉洁自律,树立良好的师德形象,通过自身行为为学生树立正面榜样,引领学生健康成长。

3. 贯彻党的教育方针

作为党的教育方针的重要执行者,思政教师应深入理解并全面贯彻党的教育路线,坚定践行党的立场、观点与原则。他们应将党和国家的方针、政策巧妙融入教学内容,确保思政教育与党的教育方向保持高度一致。

4. 强化政治敏锐性与教育能力

思政教师应时刻关注社会热点与民生问题,对国内外政治动态保持高度敏感并进行深入思考。他们应能够将思政教育与学生的日常生活及社会实践紧密结合,引导学生正确认识世界、深刻理解自我,从而培养出具有坚定政治立场与高尚道德品质的新时代青年。

二、情怀要深，培育家国情怀

思政课教师作为学生思想引领的关键角色，必须深植爱国情怀与家国情怀，并以此为核心，培养学生的深厚情感，使其对国家、民族及社会产生强烈的热爱与认同。教师应以身作则，从内心深处热爱并忠诚于自己的祖国，密切关注国家的发展动态与繁荣进程，通过自身的言行举止，向学生传递正能量，激发学生对国家的归属感和责任感。此外，教师还需承担起传承与弘扬中华优秀传统文化的重任，通过教育引导，使学生在思维方式、价值观念及行为准则上，都能深刻体现对中华民族的自豪感与自信心。

1. 真诚关怀，构建和谐师生关系

思政课教师应以真诚之心，深切关怀每一位学生的成长与发展。他们需细致入微地了解学生的家庭背景、兴趣爱好及个性特长，通过多元化的关怀方式，与学生建立起深厚的信任与亲近关系。教师应不断提升自身的情感敏感性与理解力，确保能够与学生实现心灵上的深度沟通，让学生在学习过程中感受到温暖与关爱，从而更加积极地投入思政课程的学习中。

2. 倾听心声，成为心灵支柱

思政课教师在与学生的日常交流中，应耐心倾听他们的心声，积极回应学生的问题与关切，努力成为学生心灵上的坚实依靠与有力支持。教师应鼓励学生大胆表达自己的想法与观点，认真倾听他们的疑问与困扰，并给予及时、有效的回应与指导。在引导学生寻找答案的过程中，教师需以教育者的独到眼光，启发学生独立思考，为他们提供多元的思维视角，培养学生独立、全面且科学的判断能力。唯有如此，具备深厚情怀的思政课教师，方能真正引领学生走上正确的道路，为他们的成长与发展提供坚实的支撑与保障。

三、思维要新，激发创新潜能

思维要新，是思政课教师教育创新力的源泉，这意味着他们需紧跟时代步伐，拥抱先进教育理念与思维方式，以满足学生日益增长的知识需求与个性化发展需求。

1. 更新理念，紧跟时代

在信息技术日新月异的今天，传统教育模式已难以满足学生多元化学习需求。思政课教师应持开放心态，积极接纳并应用新技术、新媒体及创新教育方法。他们应充分利用信息化工具与互联网资源，为学生提供丰富多样的学习路径与资料，激发学生的学习兴趣与思考动力。

2. 培养创新意识，鼓励探索

面对社会的快速变迁与不确定性挑战，培养学生的创新能力成为教育的重要使命。思政课教师应引导学生突破传统思维束缚，鼓励他们勇于质疑、积极探索。教师应通过创设创新情境与实践活动，着力培养学生的创新意识、创造力及问题解决能力，使学生在实践中实现知识的创造性转化与创新性发展。

3. 跨学科思维，综合应用

社会问题的复杂性要求思政课教师培养学生的跨学科思维能力。教师应通过课程改革与教学方法创新，引导学生跨越学科界限，将不同领域的知识与观点有机融合。这种跨学科的学习方式将有助于学生形成全面的认知框架，提升他们综合运用知识解决实际问题的能力。

4. 批判性思维，独立判断

在信息时代，批判性思维成为学生必备的核心素养。思政课教师应鼓励学生对海量信息进行深入分析与评估，培养他们辨别真伪、判断价值的能力。通过引导学生独立思考、客观判断、全面分析，教师将帮助学生形成独立的观点与态度，为他们的终身学习与全面发展奠定坚实基础。

思政课教师思维之新，是其引领教育创新、激发学生潜能的关键所在。通过不断更新教育理念、培养创新能力、引导跨学科思维及批判性思维，教师将为学生打造一个充满活力与创造力的学习环境，助力他们成长为具有时代担当与创新精神的新时代青年。

四、视野要广，引领全面认知

思政课教师需具备宽广的视野，这不仅是其专业素养的体现，更是引导学生形成全面、开放世界观和人生观的关键。教师应关注学科发展，洞悉国内外政治、经济、文化等领域的最新动态，将新知与体验融入教学，激发学生的探索欲与求知欲。

1. 掌握多学科知识，融合创新

思政课教师应掌握多学科的基本概念和理论，如政治学、法学、经济学等，并能够巧妙地将这些知识与思政课内容相融合。在讲授国家治理等复杂主题时，教师应能运用多学科理论，深入剖析其原理与实践，帮助学生构建全面的知识框架，把握时代发展的脉搏。

2. 国际视野，全球胸怀

在全球化背景下，思政课教师的视野需跨越国界，关注国际政治、经济、文化的动态与趋势。通过引入国际案例与比较分析，教师应引导学生认识国际合作与交流的重要性，培养其全球视野和国际胸怀，为其成为具有国际竞争力的人才奠定基础。

3. 社会洞察，实践导向

思政课教师应具备敏锐的社会观察力和深刻的洞察力，通过社会调研和实践经验，深入了解社会热点与民生需求。教师应引领学生关注社会问题，分析其成因，探讨解决方案，从而培养学生的社会责任感和实践能力，使他们成为有担当、有行动力的社会成员。

4. 交叉学科，前沿引领

思政课作为一门综合性课程，应充分借鉴人文科学、社会科学的研究成果，为学生提供多元的思维视角和丰富的知识内容。教师应紧跟学术研究前沿，将最新理论和研究成果融入教学，培养学生的创新思维和其分析问题、解决问题的能力。

综上所述，思政课教师视野之广，是其教育引导力的核心所在。通过拓宽自身的视野，教师可以为学生提供更全面、多元的教育体验，引导他们形成开阔的思维和全球视野，为成为具有时代担当和全球竞争力的新时代青年奠定坚实基础。

五、自律要严，树立高尚典范

思政课教师需恪守自律，严格遵守职业道德规范及教育法规，以身作则，确保言行一致，营造正直的教风与学风。在教学准备、实施及评价各环节，坚持公正客观、平等真诚地对待每位学生，赢得学生的信任与尊重。

1. 规范课堂，以身为范

思政课教师在课堂上应成为行为规范的典范，不仅要严格遵守教育教学的各项规范，更不要越道德底线的雷池一步。教师需保持端正的教育态度，确保在课堂上的每一句话、每一个动作都能成为学生学习的榜样。同时，教师应避免滥用职权，确保公平、公正地对待所有学生，尊重他们的人格与权益，营造和谐、积极的学习氛围。此外，教师严格遵守课程安排与课堂纪律，准时上下课，不仅是对学生的尊重，也是教师自我要求的体现。

2. 精进专业，敬业乐群

思政课教师应不断深化对课程内容的研究，持续提高自身的教学水平与知识储备，确保为学生提供最新、最准确的知识信息。教师应秉持高度的专业精神与敬业精神，将学生的发展与成长视为己任，乐于为学生答疑解惑，帮助他们克服学习上的困难。通过不断精进专业，思政课教师能够更好地引领学生探索知识的海洋，激发学生的学习兴趣与热情。

3. 科研诚信，规范操作

在教育教学科研活动中，思政课教师应坚守科研伦理准则，坚决拒绝抄袭、篡改等不端行为，不传播虚假信息或误导学生。他们应保持严谨的科研态度，采用科学的研究方法，确保发表的论文和研究成果真实可靠。同时，思政课教师还需严格遵守学校及教育行政部门的相关规定，不违背职业道德，不参与任何违法乱纪的行为，以维护学术界的纯洁与尊严。

4. 修养品德，自我完善

思政课教师应注重个人修养与品德塑造，通过不断的学习与实践，培养高尚的情操与良好的习惯。他们应善于自我反思，及时发现并改正自身的不足之处，不断提升教育能力与职业素养，以成为学生敬仰的榜样。同时，思政课教师还应保持谦虚诚实的态度，对待工作兢兢业业，对待学生真诚友善，通过不断的自我完善，确保自己的言行一致，为学生树立道德标杆。

总之，只有严于律己的思政课教师，才能成为学生心中的榜样，为他们提供优质的教育服务，引领他们走向更加美好的未来。

六、人格要正，树立高尚师表

思政课教师人格之正，是其职业魅力的核心所在，这意味着教师应具备崇高的道德情操与正确的价值观念，以身作则，成为学生效仿的榜样。

1. 真诚友善，公正育人

思政课教师应以真诚、友善之心对待每位学生，尊重其人格与权益，不以成绩、背景论英雄，确保教育的公正性。教师应与学生建立信任关系，关心他们的成长点滴，积极引导其形成正确的世界观、价值观与人生观，为学生的全面发展奠定坚实基础。

2. 高尚品德，以身作则

思政课教师应是道德的化身，诚实正直、宽容谦虚、勤奋敬业、责任感强等美好品质应内化为教师的行为准则。教师应注重个人修养，做到言行一致，用自身的高尚品德感染学生，引领他们追求真善美，形成积极向上的生活态度与行为规范。

3. 正确价值观，引领方向

思政课教师应坚守正确的价值观念，弘扬人类共同的道德底线，维护大众利益。教师应具备深厚的爱国主义情感与家国情怀，激励学生热爱祖国，为国家的繁荣富强与人民的幸福安康贡献力量。同时，教师应关注学生社会责任感的培养，引导他们关注社会公平正义，积极参与公益事业，成为有担当的社会公民。

4. 专业素养，教育品质

思政课教师应具备扎实的学科知识与教育教学理论，保持学习的热情与进取的精神。教师应不断创新教学方法与手段，提升课堂教学的吸引力与实效性。同时，教师应注重培养学生的创新思维与批判精神，引导他们开阔视野，积极主动地探索知识与实践真理。

思政课教师人格之正，是其教育影响力的源泉。通过优秀的人格品质与正确的价值观念，思政课教师可以引领学生树立积极向上的人生目标，培养他们的综合素质与社会责任感。

综上所述，思政课教师要做到政治要强、情怀要深、思维要新、视野要广、自律要严、人格要正，这些要求相辅相成，共同塑造了卓越的思政课教师形象。

第二节 思政课教学中要实现"八统一"

一、政治性和学理性相统一

第一，政治性。思政课的政治性是其核心属性之一。这主要体现在课程目标上，即培养学生的政治觉悟和思想品质，引导他们形成正确的世界观、政治观和价值观。政治性要求思政课教师必须坚守社会主义意识形态，传播马克思主义理论和党的路线、方针、政策，从而增强学生的国家意识和民族自豪感。这不仅是思政教师的教育责任，也是其社会责任。笔者在给大学生授课的过程中，发现"00后"大学生作为网络原住民，生活在一个信息爆炸的时代，他们接触到的视听资料、文字图片等信息来源广泛且复杂。这种环境对他们的思想观念、价值取向产生了深远的影响，使传统权威在一定程度上被解构，"00后"大学生对于信息的筛选和判断也更为自主和多元。

在此背景下，思政课的讲授需要体现政治性，这是由思政课的根本性质和目的所决定的。思政课是引导学生形成正确世界观、人生观、价值观的重要课程，是帮助学生认识和理解中国特色社会主义制度、坚定"四个自信"的重要途径。因此，思政课的讲授必须坚守政治立场，明确政治方向，确保学生能够在纷繁复杂的信息中保持清醒的头脑，坚定正确的政治信仰。通过强调政治性，思政课能帮助学生认清历史发展的大势，理解社会主义的优越性，进而帮助他们坚定走中国特色社会主义道路的信念。

第二，学理性。学理性是思政课的另一重要属性。它要求思政课教学内容必须科学、严谨，以深入浅出的方式讲解理论知识，以学理讲道理，提升思政课的教学质量和效果。学理，即学科的理论基础和逻辑体系，这是思政课教学内容的核心支撑。以学理讲道理，意味着思政课教师在讲授过程中，要深入挖掘和阐述思政学科的理论内涵和逻辑结构，用科学的理论说服学生，用严密的逻辑引导学生，帮助学生建立扎实的理论基础。学理性还体现在对马克思主义理论的深入研究和探索上，教师需要不断学习和研究，以保持教学内容的先进性和科学性。同时，学理性也要求思政课能够回应时代的问题，用科学的理论解释现实，指导学生认识世界和改造世界。

要实现政治性和学理性的统一，教师需要在教学中找到平衡点。一方面，要坚守政治立场，传播正确的价值观和世界观；另一方面，要注重学理阐释，用科学的方法讲解理论知识。

二、价值性和知识性相统一

第一，价值性。思政课的价值性主要体现在对学生价值观的塑造和引导上。课程通过传授马克思主义价值观，引导学生形成正确的道德观念和价值取向，培养他们的社会责任感和历史使命感。这种价值观的教育不仅关乎学生个人的道德成长，更关乎整个社会的道德风貌和价值取向的形成。思政课具有铸魂育人的使命和功能，"魂"指人的精神、灵魂和心灵，"铸魂"通常用来形容培养和塑造个体精神内核的过程，即对其思想、品德、价值观等核心素质进行全方位的提升和塑造，这就是在塑造人的价值观。在思政课铸魂育人的过程中，"铸魂"是手段，"育人"是目的。铸魂教育可以帮助学生塑造积极向上的"魂"，进而培养出有理想、有道德、有文化、有纪律的新时代公民。因此，思政课必须高度重视价值性的教育，将其贯穿于教学的全过程。

第二，知识性。知识性是指思政课所传授的具体知识内容，这些知识是构成学生知识体系和认知结构的基础。通过知识性教育，学生能够了解马克思主义理论的基本观点和方法论，掌握习近平新时代中国特色社会主义思想体系的核心内容。这些知识不仅有助于学生更好地理解社会现象和本质，还能为他们未来的学术研究和职业发展奠定坚实的理论基础。

要实现价值性和知识性的统一，教师需要在教学中将知识传授与价值观引导相结合。在教学中，教师常通过讲解具体的历史事件、社会现象等，引导学生分析其中的价值取向和道德观念。同时，也结合学生的实际情况和需求，设计具有针对性的教学活动和作业，让学生在实践中体会和应用所学的知识和价值观。

三、建设性和批判性相统一

第一，建设性。思政课的建设性教育着眼于培养学生的积极态度和创造力。它鼓励学生以乐观、正面的态度看待社会和个人的发展，激发他们的主动性和创新精神。通过建设性教育,学生在面对问题和挑战时,不仅能看到困难,更能看到机遇和可能,从而以更加积极的心态去寻求解决方案,推动社会的进步和发展。

建设性还体现在对学生正面价值观的塑造上。通过引导学生关注社会正能量,培养他们的社会责任感,使他们在面对社会现象时能够保持积极向上的态度,为社会的和谐发展作出贡献。

第二,批判性。批判性强调培养学生的独立思考能力和批判精神。在信息时代,各种信息和观点层出不穷,学生需要具备辨别真伪、评估价值的能力。批判性教育就是要教会学生如何对这些信息和观点进行理性的分析和评价,不盲从、不迷信,形成自己独立的见解。同时也要求学生能够以批判的眼光看待社会现象和问题,对错误观点和思潮进行批判。这不仅是对学生思辨能力的提升,更是对他们社会责任感的培养。通过批判性教育,学生将更加明确自己的社会角色和责任,勇于揭露和批判社会上的不公和不正之风。

要实现建设性和批判性的统一,一是教师要鼓励学生保持积极乐观的态度,看到社会和个人的发展潜力;二是教师要培养他们的批判精神,教会他们独立思考、辨别是非。

四、理论性和实践性相统一

第一,理论性。思政课的理论性主要体现在对马克思主义理论和习近平新时代中国特色社会主义思想体系的深入传授上。这些理论不仅是学生认识世界、解释世界的重要工具,也是他们形成正确世界观、人生观和价值观的基础。在思政课教学中,学生普遍不太喜欢理论教授,尤其是基础比较差的同学。实际上这不是学生的问题,因为学生的年龄就决定了他们喜欢生动、有趣的内容,难以接受晦涩难懂的理论灌输。所以教师需要注重教学的趣味性和互动性,因材施教、分层教学,实现理论教学与实践教学的结合,以实践教学促进对理论内容的理解和把握,还应系统地掌握马克思主义的基本原理和方法论,为后续的学术研究和职业发展奠定坚实的理论基础。

第二,实践性。实践性强调将理论知识与现实生活相结合,通过实践活动来加深对理论的理解和运用。实践性教育能够帮助学生将抽象的理论知识运用于具体的实践中,提高他们的实际操作能力和解决问题的能力。同时,通过实践,学生还能更好地了解社会现实和国情,增强他们的社会责任感和使命感。

要实现理论性和实践性的统一,教师需要在教学中注重理论与实践的紧密结合。一是要通过生动的案例和具体的实例来解释和阐述理论知识,使学生能够更好地理解和掌握;二是要组织学生参与各种实践活动,如社会调研、志愿服务等，让他们在实践中运用所学知识去分析和解决问题。教师还可以利用现代信息技术手段，如虚拟现实、模拟实验等，为学生提供更加真实、生动的学习环境。这不仅能激发学生的学习兴趣和积极性，还能提高他们的学习效果和实践能力。

五、统一性和多样性相统一

第一，统一性。思政课的统一性主要体现在教学大纲、教学目标和教学内容的一致性上。这种统一性确保所有学生都能接受系统、全面的思政教育，形成统一的思想道德基础。通过统一的教学要求，思政课能够引导学生形成正确的政治方向和价值观，为他们的全面发展奠定坚实基础。

第二，多样性。多样性强调根据学生不同的特点和需求，采用多样化的教学方法和手段。每个学生都是独一无二的个体，他们有不同的兴趣、爱好和学习方式。因此，思政课教师要尊重学生的个性差异，提供多样化的教学资源和活动，以满足他们的不同需求。

要实现统一性和多样性的统一，教师需要在教学中既要注重整体教学目标的达成，又要关注学生的个性化发展。一是教师要根据教学大纲和教学目标，制定统一的教学计划和内容，确保所有学生都能接受基本的思政教育。二是教师要了解学生的不同需求和特点，采用多样化的教学方法和手段，如分组讨论、角色扮演、案例分析等，以激发学生的学习兴趣和积极性；也可以利用现代信息技术手段，为学生提供丰富多样的学习资源和交互平台。这样不仅能满足学生的个性化需求，还能促进他们的自主学习和协作学习能力的提高。

六、主导性和主体性相统一

第一，主导性。在思政课教学中，教师的主导性主要体现在对教学内容的选择、教学方法的运用以及教学过程的组织等方面。教师是教学活动的引领者和指导者，要通过精心的教学设计和实施，确保思政课教学目标的实现。教师的主导性不仅体现在知识的传授上，更体现在对学生思想、情感和价值观的引导上。

第二，主体性。学生的主体性是指学生不是被动接受知识的容器，而是具有主观能动性的学习主体。在思政课教学中，学生需要积极参与教学活动，主动思考和探索问题，通过自身的努力和实践来获取知识、提升能力。学生的主体性还体现在他们对教学内容的个性化理解和创新应用上。

要实现主导性和主体性的统一，教师需要转变传统的教学观念，从以教师为中心转向以学生为中心。一是教师要尊重学生的主体地位和个性差异，鼓励他们积极参与教学活动并发表自己的观点和见解。二是教师要通过设计具有启发性和探究性的教学活动，激发学生的学习兴趣和求知欲，培养他们的自主学习能力和

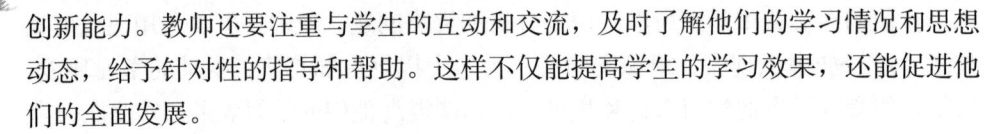

创新能力。教师还要注重与学生的互动和交流，及时了解他们的学习情况和思想动态，给予针对性的指导和帮助。这样不仅能提高学生的学习效果，还能促进他们的全面发展。

七、灌输性和启发性相统一

第一，灌输性。思政课的灌输性主要体现在向学生传授基本的思政知识、理论和观念上。这些知识、理论和观念是学生思想道德基础的重要组成部分，需要通过系统的教学和灌输来确保学生全面掌握。灌输性教育能够帮助学生认同并信仰社会主义核心价值观，为他们的道德成长和价值观形成奠定基础。

第二，启发性。启发性是强调通过引导和启发学生的思考来培养他们的创新思维和解决问题的能力。启发性教育鼓励学生自主探索和发现知识，通过提问、讨论和案例分析等方式来激发学生的学习兴趣和求知欲。这种教育方式能够帮助学生培养独立思考的习惯和能力，为他们的未来发展奠定基础。

要实现灌输性和启发性的统一，教师需要注重将知识的传授与思维的培养相结合。一是教师要通过系统的教学来确保学生全面掌握基本的思政知识、理论和观念。二是教师要通过设计具有启发性和探究性的教学活动来引导学生积极思考、主动探索，培养他们的创新思维和解决问题的能力。

八、显性教育和隐性教育相统一

第一，显性教育。思政课的显性教育主要体现在直接传授知识、理论和观念方面，具有明确的教育目标和内容。通过课堂教学、讲座、报告等形式，直接向学生传授思政知识和理论，显性教育能够确保学生明确掌握思政课程的核心内容和要求，为他们的道德成长和价值观形成奠定坚实的理论基础。但是传统的思政课教学多以教师讲授为主，缺乏互动与实践环节，这种"满堂灌"的方式忽略了学生的认知规律和接受特点，难以调动学生的积极性，容易影响教学效果。

第二，隐性教育。隐性教育是相对于显性教育而言的，它强调通过校园文化、实践活动、人际交往等方式潜移默化地影响学生的思想和行为。隐性教育能够使学生在无形中接受思政教育的熏陶和影响，从而形成正确的价值观和道德观念。这种教育方式具有潜移默化、润物细无声的特点，能够使学生在不知不觉中受到教育。

要实现显性教育和隐性教育的统一，教师需要注重两种教育方式的有机结合。一是教师要通过显性教育来确保学生全面掌握基本的思政知识、理论和观念。二是教师要通过隐性教育来潜移默化地影响学生的思想和行为，使他们在无形中接受思政教育的熏陶和影响。教师可以通过组织丰富多样的校园文化活动和

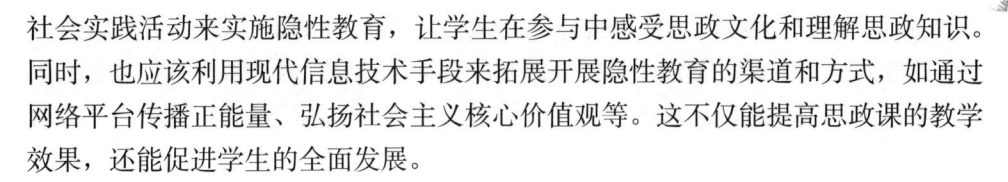

社会实践活动来实施隐性教育，让学生在参与中感受思政文化和理解思政知识。同时，也应该利用现代信息技术手段来拓展开展隐性教育的渠道和方式，如通过网络平台传播正能量、弘扬社会主义核心价值观等。这不仅能提高思政课的教学效果，还能促进学生的全面发展。

第三节　思政课教师以其主导地位激发学生主体作用

在思政课教学中，通过师生间的良好互动实现主导性和主体性相统一是思政课教学面临的最大难题。这与教师知识素养、管理组织能力、能动性的发挥等因素有关；也与学生长期形成的被动听课、不积极参与课堂活动等不良习惯有关。要实现主导性和主体性的统一，笔者认为可从以下五方面着手进行。

一、教师要有宏观掌握和引导教学节奏的能力

教师宏观掌握和引导教学节奏的能力就是教师的执教能力。思政课教师一是要对教学内容有精准的把握，让教学内容体现理论深度和思辨精神，从学理上和逻辑上给予学生指导，体现教师的学识魅力。二是思政课教师还要注意语言和表达方式的艺术，语言要接地气、接人气，以学生乐于接受、能够接受的语言来传授知识，同时表达要亲切、温暖，拉近与学生的距离，切记不能营造不食人间烟火的抽象感和脱离实际的悬空感。思政课教学只有不断增强思想性、理论性、亲和力和针对性，才能真正取得教学实效。

作为思政课教师，既要以渊博的学识感染学生，在教学内容的把握方面体现理论厚度、文化厚度、历史厚度，又要注重传授知识与价值引领的结合，用"小火慢炖"的方式把知识揉碎、变软，彰显思政课的影响力。

二、教师要主动而为、主动设计、主动推进

教师要有宏观掌握和引导教学节奏的能力，教师的主导应该是主动而为、主动设计、主动推进的。教师的主动而为表现在教师在教学过程中的主观能动性。个别思政课教师由于传统教学的惯性，以及思政课本身的意识形态功能，容易在教学过程中成为呆板的"说教者""灌输者"，难以激发学生的学习兴趣，极大地影响教学效果。而作为网络原住民的"00后"大学生，早已经深受快餐式、碎片化、趣味性的网络文化的熏染，枯燥乏味的课堂教学自然很难吸引学生的注意力。因而，思政课教师在教学过程中一定要充分发挥主观能动性，要全面贯彻党的教育方针，解决好培养什么人、怎样培养人、为谁培养人这个根本问题。

教师的主动设计主要是指教学环节的设计，在教学过程中无论是理论讲授环

节的导入、讲解、剖析、解决问题,还是教学实践层面的主题设定、形式选择、指导交流、总结点评,都离不开任课教师的主动设计。思政课教学某种意义上也是一种艺术,需要独具匠心的教育设计、温暖人心的交流沟通和直达中心的分析总结。

教师的主动推进是指教师需要积极主动地创造条件推动教学过程的开展。一是教师从主观层面提升执教能力,二是需要教师为学生参与课堂活动创造条件。比如,真正实现教材语言向教学语言的转化,教材语言理论性强,但教学语言则需要根据学生的接受程度进行接地气和接人气的转换,这样在提问和展开讨论时学生才有话说。在实践教学环节则是要设置学生能把握、通过协作能完成的内容,以充分调动学生的参与积极性。

三、教师要用心欣赏学生

传统意义上的师道尊严是指教师作为知识的掌握者和传授者具有权威并受人尊崇,教师的教授是学生学习知识的唯一途径。但是在网络时代,知识资源的多元化和丰富化使没有任何人可以成为知识的权威,因而教师的权威性也在不断受到挑战。"教学相长"一词就很好地诠释了学生在教学过程中的存在意义和价值。

思政课是做学生思想工作的课程,要做到让学生真心喜欢、终身受益就一定要遵循思想政治工作规律、教书育人规律、学生成长规律,通过润物无声、春风化雨的方式把主流意识形态传输给学生。只有真正把学生看作平等交流的主体,尊重并欣赏学生,看到学生的优势和不足,了解他们的需求与兴趣,才能做到心里认可和悦纳,用心用情地进行教学与指导,成为乐为、敢为、有为的思政课教师。

四、学生主体性作用的发挥要以参与课堂实践为主

思政课是铸魂育人、立德树人的课程,是要塑造学生世界观、人生观、价值观的核心课程,因而在教学中鼓励学生参与教学实践、成为课堂的主体就具有非凡的意义和价值。2019年3月18日,在学校思想政治理论课教师座谈会上,习近平总书记提出,要"推动思想政治理论课改革创新,要不断增强思政课的思想性、理论性和亲和力、针对性"。习近平总书记强调,思政课必须"要坚持理论性和实践性相统一,用科学理论培养人,重视思政课的实践性"。思政课的实践性主要通过实践教学来体现,即教师主导下学生主体性作用的发挥。思政课实践教学有广义和狭义之分。广义的实践教学指与思政课有关的所有课内和课外的实践活动,其形式呈现多样化,学生既可以参加寒暑假的社会调查、节假日的外出参观,也能参与课堂的讨论、展示、表演、分享等。狭义的实践教学则主要是在

课内进行，全员参与，通过多种形式调动学生的积极性，以学生的课堂参与弥补教师唱"独角戏"的尴尬与不足。本书所指的思政课实践教学主要是狭义的教学实践。

五、重视学生主体地位，以学生为主体实现主导的意图

以学生为主体就是要体现学生作为教学活动的参与主体的不可或缺性。学生的发展关乎中华民族伟大复兴的中国梦的实现，因而忽视学生的主体地位既是教师"独角戏"的开端，又是教育本质上的失败，还会直接影响国家的长远发展。教学活动应该是内涵丰富、过程愉悦、师生全情参与的活动。同时，学生主体是在教师主导下实现的主体地位和作用，因而教师应该按照教学要求把教学内容、教学目的、教学方法等融入教学活动中，重在引导、启发学生，以自己的理性思考和价值追求来引领学生的学习和接受过程，同时又能为学生留下足够的思考空间，有利于学生在表现自我才华的基础上实现对自我能力素质的再认识与再肯定。同时，在教学过程中，教师还应以活泼、生动的形式，激发学生参与课堂活动的积极性和主动性，促使学生思考、总结，并有所收获。正如教育家夸美纽斯所说，一个能够动听地、明晰地教学的教师，他的声音便该像油一样浸入学生的心里，把知识一道带进去。因而，在思政课教学实践中，教师应及时关注和了解学生的所思所想，把握学生思想脉搏，营造温馨舒适的话语氛围，使学生认同教师的教育理念，直至内化于心，这才是成功的思政课教育。

第四节　确立积极的教师角色

思政课教师要树立崇高的教师形象，做到言传身教、以身作则。他们应该是学生的榜样，具备高尚的道德品质和丰富的学识素养。通过自己的言行举止，教师可以激发学生的学习兴趣和求知欲望，引导他们树立正确的世界观、人生观和价值观。

一、确立积极的教师角色是思政课教师的基本要求

教师角色是指教师在教学活动中所扮演的社会角色，它影响着教师的行为方式和教学效果。思政课教师要树立积极的教师形象，做到言传身教、以身作则。只有这样，他们才能赢得学生的信任和尊重，提高自己的教学权威和影响力。例如，思政课教师要在课堂上讲好思政课，用生动有趣的语言和形象生动的案例，让学生感受到思政课的魅力和意义；在课堂外要关心学生的成长和发展，及时了解学生的思想动态和困惑，给予学生正确的引导和帮助。南京航空航天大学马克

思主义学院的徐川教授是青年人眼中的"川哥"。从高校辅导员到思政课教师，从党的十九大代表到《平"语"近人》的主讲人，他用大众话语向公众传递思想，十几年深耕不辍、乐此不疲，被誉为"青春的理论陪伴者"。"愿意终生与学生为伴，这是我的信念，也是我的心愿。"2008年，徐川到南京航空航天大学承担辅导员工作，他认为，最核心的使命是陪伴。"一次讲座、一次沟通，会在学生心里种下一粒种子，但不给它浇水、施肥，它可能就死了。陪伴能够让我们给学生种下的理念真正生根发芽、开花结果。"

因此，确立积极的教师角色，不仅是对思政课教师的基本要求，更是提升思政课教学实效性的关键所在。像徐川教授这样的优秀教师，通过积极扮演学生的引导者、陪伴者和心灵导师，不仅能向学生传授知识，更可以在潜移默化中塑造学生的价值观，激发他们的内在动力。这种积极的教师角色，不仅能赢得学生的爱戴，也为思政课的创新发展树立了典范。思政课教师应当以此为鉴，不断提升自身素养，创新教学方法，用心陪伴学生成长，真正成为学生人生路上的指路明灯，共同推动思政教育事业迈向新的高度。

二、做学生的榜样是思政课教师的重要职责

榜样是指具有一定影响力和号召力的人，它可以激励人们向善向上，追求卓越。思政课教师要做学生的榜样，就需具备高尚的道德品质和丰富的学识素养，还要做到遵纪守法、爱国爱民、诚实守信、勤奋进取、不断学习、不断创新。通过自己的言行举止，教师可以激发学生的学习兴趣和求知欲望，引导他们树立正确的人生观、价值观和世界观。例如，思政课教师要在平时工作中展现出自己对党和国家的忠诚和热爱、对社会主义事业的信心和担当、对人民群众的关心和服务；在专业学习中展现自己对思政课知识的掌握和运用、对思政课理论的研究和创新、对思政课教育的热情和投入。"思政工作很有意义，想成为像您一样的思政课老师。"因为一次讲座，杜欣鹏成为徐川的忠实"粉丝"，经过选拔考试，他如今已经成为南京航空航天大学电子信息工程学院的一名辅导员。徐川所在的马克思主义学院的毕业生纷纷带着思想的力量奔赴广阔天地，很多优秀学生选择到企业、机关、学校、社区从事思想政治"铸魂"工作。

做学生的榜样，不仅是思政课教师的重要职责，也是传承和弘扬社会主义核心价值观的有效途径。思政课教师通过自身的示范和引领，能够激发学生的爱国情怀和社会责任感，培养他们成为有理想、有道德、有文化、有纪律的新时代青年。徐川教授和他的学生们的故事，正是这一职责的生动体现。他用自己的行动证明，思政课教师不仅能够传授知识，更能够以身作则，影响并塑造学生的未来。这将激励更多的思政课教师不断提升自我，勇于担当，为培养德智体美劳全

面发展的社会主义建设者和接班人贡献自己的力量。

三、传播思政课的精神和价值是思政课教师的核心任务

思政课作为一系列旨在塑造学生世界观、人生观、价值观及法治观等核心素养的教育课程，其重要性不言而喻。它不仅仅局限于单一学科的知识传授，而是涵盖多个方面，包括中国特色社会主义理论体系的教育、道德与法治的教育、中国近现代史与国情的教育等，共同构成一个全面培养学生成为社会主义建设者和接班人的教育体系。

思政课教师的核心任务正是传承与弘扬这一教育体系的精神内核与价值导向。他们需通过深入浅出的教学方式，引导学生深刻理解国家的发展道路、历史选择和文化传承，培养学生的国家意识、社会责任感和历史使命感。同时，思政课教师还需注重培养学生的法治观念，让他们懂得尊重法律、遵守规则，成为法治社会的合格公民。

在教学过程中，思政课教师应注重课程的系统性和整体性，将各门课程的内容相互贯通，形成协同效应。他们应运用生动的案例、贴近生活的语言，激发学生的学习兴趣和深度思考，使学生在轻松愉快的氛围中接受思政教育。此外，思政课教师还应积极组织学生参与社会实践、志愿服务等活动，让学生在实践中感悟思政教育的真谛，将所学知识转化为实际行动。

总之，思政课教师的核心任务在于通过传承与弘扬思政教育的精神内核与价值导向，全面培养学生的核心素养，为培养社会主义建设者和接班人贡献力量。

第五节　思政课教师要持续自我提升

目前，在教育领域中，思政课教师肩负着培养学生思想政治素质的重要使命。为了更好地履行这一职责，思政课教师需要不断提升自身的专业素养，不断成长。这不仅是对教育事业的尊重，更是对学生未来发展负责。

一、紧跟时代步伐，深化理论研究

在当今快速变化的社会环境中，思政课教师需要紧跟时代步伐，不断更新自己的知识体系。这要求思政课教师不仅要掌握马克思主义理论的基础知识，还要关注国内外政治、经济、文化等领域的最新动态，以及新兴学科和技术的发展。

为了深化理论研究，思政课教师要定期参加学术研讨会和讲座。这些活动通常汇聚了各领域的专家学者，他们分享的最新研究成果和观点可以为教师提供宝贵的参考。教师还应经常阅读专业书籍和期刊，这是了解最新理论动态和研究成

果的重要途径。此外，互联网为思政课教师提供了丰富的学术资源。教师可以通过在线数据库、学术网站等途径获取最新的研究资料和论文。

通过深化理论研究，思政课教师可以更好地把握时代脉搏，将最新的理论知识和研究成果融入教学过程中，提高思政课的实效性和吸引力。

二、强化道德修养，塑造教育理念

思政课教师作为学生思想的引领者，其道德修养和教育理念对学生具有深远的影响。因此，思政课教师应注重自身道德修养的提升，并秉持正确的教育理念。

作为思政课教师，笔者深感肩上的责任重大而光荣。2018年教育部印发的《新时代高校教师职业行为十项准则》，不仅是对高校思政课教师职业行为的约束，更是对其教育初心和使命的深刻诠释。在日常教学中，思政课教师应当将这十项准则内化于心、外化于行，努力成为学生成长道路上的引路人和同行者。

第一，坚定政治方向，这是思政课教师的根本。思政课教师要始终保持清醒的政治头脑，坚持正确的政治立场，引导学生树立正确的世界观、人生观和价值观，培养他们的爱国情怀和社会责任感。

第二，自觉爱国守法，是教师的基本素养。思政课教师要模范遵守国家法律法规，以身作则，教育学生懂得敬畏法律、遵守法律，成为知法守法的好公民。

第三，传播优秀文化，是教师的重要使命。思政课教师要深入挖掘中华优秀传统文化的精髓，结合时代特点，创新教学方式方法，让学生在文化的熏陶中增长知识、提升素养。

第四，潜心教书育人，是教师的天职。思政课教师要不断提高自己的教学水平和育人能力，用心去发现每一个学生的闪光点，激发他们的学习兴趣和潜能，帮助他们成长为有用之才。

第五，关心爱护学生，是教师情感的体现。思政课教师要关注学生的身心健康，尊重他们的个性差异，用爱心和耐心去引导他们、帮助他们，让他们感受到学校的温暖和关怀。

第六，坚持言行雅正，是教师形象的要求。思政课教师要时刻注意自己的言行举止，做到文明礼貌、端庄大方，为学生树立良好的榜样。

第七，遵守学术规范，是教师学术道德的底线。思政课教师要秉持严谨的学术态度，杜绝学术不端行为，为维护学术界的纯洁和尊严贡献自己的力量。

第八，秉持公平诚信，是教师处理事务的原则。思政课教师要在评优评先、奖助学金评定等事务中做到公平公正、诚实守信，让学生感受到公平正义的力量。

第九，坚守廉洁自律，是教师职业道德的基石。思政课教师要自觉抵制各种诱惑和腐败行为，保持清正廉洁的作风，为教育事业的发展贡献自己的正能量。

第十，积极奉献社会，是教师社会责任的体现。思政课教师要积极参与社会公益活动，用自己的知识和技能为社会发展贡献力量，展现新时代教师的良好形象。

总之，思政课教师要将《新时代高校教师职业行为十项准则》作为自己职业生涯的座右铭，不断提高自身的思想政治素质、业务素质和职业道德水平，为培养德智体美劳全面发展的社会主义建设者和接班人贡献自己的力量。

三、拓宽学术视野，参与学科研究

对于思政课教师而言，将学术研究与教学实践紧密结合，是拓宽学术视野、提升专业能力的关键路径。笔者长期教授"马克思主义基本原理"与"中国近现代史纲要"这两门课程，发现学科研究的深入对于提高教学质量和效果至关重要。

以"马克思主义基本原理"为例，该课程侧重理论体系的阐述与解析，要求教师不仅要掌握马克思主义的经典理论，还要紧跟学术前沿，将最新的研究成果融入课堂教学，使学生能够全面、深入地理解马克思主义的核心思想及其在现代社会的应用。教师通过参与相关的学科研究，如马克思主义中国化的最新进展，可以不断更新教学内容，增强教学的时效性和针对性。

"中国近现代史纲要"则更侧重于历史事件的梳理与分析，要求教师具备扎实的史学功底和敏锐的历史洞察力。参与历史学科的研究，尤其是关于中国近现代史的新发现、新解读，能够帮助教师更准确地把握历史脉络，挖掘历史背后的深层逻辑，从而在课堂上更加生动、有力地讲述中国近现代史的故事，激发学生的爱国情感和历史使命感。

因此，思政课教师应积极关注学科前沿动态，通过阅读专业文献、参加学术会议等方式，不断吸收新知识、新观点。同时，参与科研项目和撰写学术论文也是提升自我、贡献学科的重要途径。通过深入研究，教师可以更准确地把握学科发展的脉搏，将最新的学术成果转化为教学资源，从而实现学术与教学的良性互动，为思政课的改革与发展注入新的活力。

四、团队协作互助，共促教学发展

在思政课的教学实践中，团队协作互助与教师单打独斗之间存在显著的差异。团队协作互助作为提升教学效果和教育质量的关键途径，其重要性不言而喻。它强调教师间的相互学习、借鉴与支持，共同为思政课的发展贡献力量。

相较于单打独斗，团队协作互助的优势在于能够汇聚众智，形成合力。思政课教师应积极参与学科组、教研组等教学团队，与同事们携手并进。在这样的团队中，教师可以分享各自的教学经验、资源和案例，共同探讨教学难题，寻求最佳解决方案。这种团队协作的方式，不仅有助于教师个人能力的提升，更能推动思政课教学的整体进步。

集体备课是团队协作互助的重要方式之一。在集体备课的过程中，教师们围绕教学内容和方法展开深入研讨，相互启发，相互促进。多元化的教学理念和方法相互碰撞，能够激发出更多的教学灵感，为课堂注入新的活力。

此外，教学观摩和交流也是团队协作互助不可或缺的一环。思政课教师可以走进彼此的课堂，观察学习对方的教学风格和技巧。通过交流讨论，教师们可以分享自己的教学心得和体会，相互借鉴，共同进步。这种开放、包容的教学氛围，有助于激发教师的创新精神和创造力，为思政课的创新和发展提供源源不断的动力。

团队协作互助与单打独斗相比，更能发挥教师的集体智慧和力量。在思政课教学中，高校应积极倡导团队协作互助，鼓励教师相互学习、相互支持，共同推动思政课的发展和进步。同时，这种协作互助的氛围也将有助于教师不断提升自身素质和专业能力，为培养更多优秀人才贡献自己的力量。

第十二章　充分激发大学生主体意识，积极主动上好思政课

　　实现第二个百年奋斗目标，实现中华民族伟大复兴，青年一代责任在肩。希望同学们树立远大理想、热爱伟大祖国、担当时代责任、勇于砥砺奋斗、练就过硬本领、锤炼品德修为，努力成为对社会有用的人、道德高尚的人，积极投身全面建设社会主义现代化国家的伟大事业。[①]

　　——2021年3月22日至25日，习近平总书记在福建考察时的讲话

[①] 《情暖山海间 奋进正当时——习近平总书记在福建考察纪实》，据福州新闻网：https://news.fznews.com.cn/dsxw/20210330/6062778ec8ebc.shtml。

思政课是大学教育的重要组成部分，旨在培养大学生的思想道德素质、政治觉悟和社会责任感，以及对国家、民族和人类的历史、现状和未来的认识和关怀。为了让思政课更好地发挥其作用，必须充分激发大学生的主体意识，即大学生应该认识到自己是思政课的主体，而不是被动的接受者，应该主动地参与思政课的学习和实践中，而不是消极地应付或抵制。

第一节　强化主体需要，增强大学生有效接受的程度

笔者在自己所在的学校对任课班级连续进行三个学期的问卷调查，大多数受访者（约67%）对本学期所学的思政课非常感兴趣，少部分受访者（约30%）表示比较感兴趣。只有很少的受访者（约3%）表示不感兴趣或反感。但是反过来看，这部分比较感兴趣的受访者是可以争取的。学生在填写问卷时也会出于其他方面的考虑填写教师希望的选项，那些很不感兴趣或反感的极少数则需要认真调查原因并尽量扭转他们的态度。

要让大学生有效地接受思政课教育，要让他们感受到思政课的必要性和价值，即强化他们的主体需要。这就要求思政课教师在教学中紧扣时代主题和社会热点，结合大学生的实际情况和关切，用生动有趣的方式展示思政课的理论内涵和实践意义，激发大学生的兴趣和好奇心，引导他们主动地探索和思考问题，而不是单纯地灌输和讲授理论知识。同时，教师也要尊重大学生的个性差异和多元需求，给予他们充足的自主选择和表达的空间，鼓励他们提出自己的观点和建议，促进他们与教师之间的交流和互动，增强他们对思政课的认同感和归属感。

一、强化主体需要，注重思政课的必要性和价值

大学生学习思政课具有多方面的必要性。思政课不仅能够帮助大学生树立正确的世界观、人生观和价值观，提升其思想道德素质与政治觉悟，还能增强他们的社会责任感与使命感，提高其综合素质与竞争力。

以"马克思主义基本原理"这一门课为例，很多学生不理解学哲学有什么用，认为哲学既抽象、远离现实生活，又带不来现实的利益。笔者在开课第一节就先引导学生讨论为什么学哲学的问题。哲学不能教会人们治病、酿酒、盖房，哲学作为方法论提供的不是具体的技能、技术、手艺和方法，而是分析问题、认识问题、解决问题的思想方法，这是做好一切工作的思想基础。古希腊第一个哲学家泰勒斯（Thales，约前624—前547年）因仰望星空而掉进脚下的土坑。目击这一幕的女奴嘲笑他，哲学连地上的坑都看不见，还看什么宇宙？关于哲学有

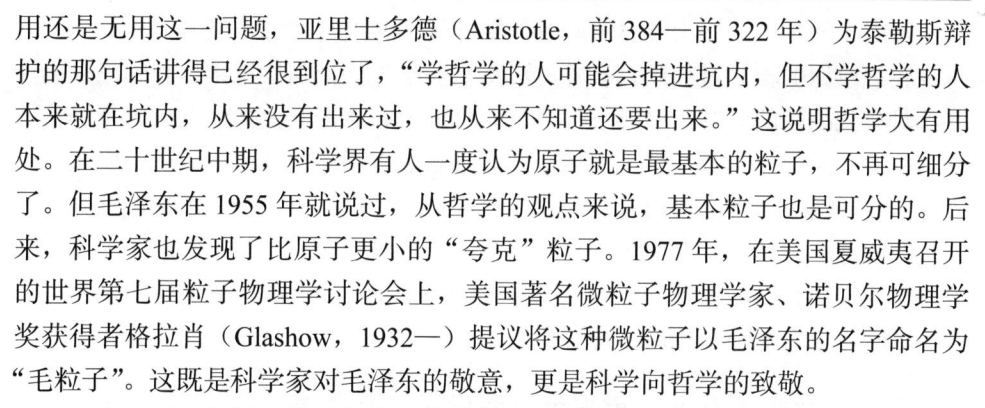

用还是无用这一问题，亚里士多德（Aristotle，前384—前322年）为泰勒斯辩护的那句话讲得已经很到位了，"学哲学的人可能会掉进坑内，但不学哲学的人本来就在坑内，从来没有出来过，也从来不知道还要出来。"这说明哲学大有用处。在二十世纪中期，科学界有人一度认为原子就是最基本的粒子，不再可细分了。但毛泽东在1955年就说过，从哲学的观点来说，基本粒子也是可分的。后来，科学家也发现了比原子更小的"夸克"粒子。1977年，在美国夏威夷召开的世界第七届粒子物理学讨论会上，美国著名微粒子物理学家、诺贝尔物理学奖获得者格拉肖（Glashow，1932—）提议将这种微粒子以毛泽东的名字命名为"毛粒子"。这既是科学家对毛泽东的敬意，更是科学向哲学的致敬。

1. 紧扣时代主题和社会热点，使大学生感受到上好思政课的必要性

在思政课的教学过程中，将课程内容与时代主题和社会热点紧密结合是激发大学生的学习兴趣和认识课程必要性的关键。例如，在讲解中国特色社会主义理论体系时，笔者会引入当前国家的发展战略、经济政策以及国际形势的变化，如"一带一路"倡议、供给侧结构性改革、碳中和目标等，让学生看到这些理论知识是如何在实际中得到应用的。同时，结合社会热点问题，如网络安全、环境保护、社会公平等，引导学生从思政课的视角去分析和理解，使他们认识到思政课不仅包括抽象的理论学习，更是解决现实问题的有力工具。这种教学方式不仅增强了课程的时效性，也让学生深刻感受到思政课的必要性和实用性。

2. 结合大学生的实际情况和关切，展示思政课的理论内涵和实践意义

为了让学生更好地理解和接受思政课的内容，教师应注重将理论与学生的实际生活相结合。比如，在讲授社会主义核心价值观时，笔者会组织学生进行小组讨论，让他们分享自己在学习、生活、工作中是如何践行这些价值观的。同时，笔者还会邀请一些有影响力的校友或嘉宾来校开讲座，分享他们的成功经验和人生感悟，让学生看到思政课的理论是如何在实践中发挥作用的。通过这种方式，学生不仅能够深刻理解思政课的理论内涵，还能在实践中找到理论的应用场景，从而增强大学生对课程的认同感和学习的动力。

3. 通过生动有趣的方式，激发大学生的兴趣和好奇心

在思政课上，教师应采用多种教学方法来激发学生的学习兴趣和好奇心。比如，可以利用多媒体教学工具，如视频、音频、图片等，将抽象的理论知识以直观、形象的方式呈现出来，使学生更容易理解和接受。同时，笔者还会组织一些课堂互动活动，如角色扮演、辩论赛、知识竞赛等，让学生在轻松愉快的氛围中学习知识，提高他们的参与度和学习积极性。此外，笔者还会鼓励学生课外阅读相关书籍、文章，组织读书分享会，让他们在更广阔的视野中探索思政课的魅力。

4. 引导学生主动探索和思考问题，培养学生的批判性思维能力

在思政课的教学过程中，教师应注重培养学生的批判性思维。教师可以设计一些具有挑战性的问题，引导学生进行深入思考和讨论。比如，在讲解全球化与中国的关系时，笔者会让学生探讨全球化带来的机遇和挑战，以及中国应该如何应对这些问题。通过小组讨论、课堂辩论等形式，学生不仅能够锻炼自己的思维能力和表达能力，还能在交流中拓宽视野，深化对问题的理解。同时，笔者还会鼓励学生提出自己的见解和疑问，引导他们学会用批判性的眼光看待问题，培养他们的独立思考能力和创新精神。

二、强化主体需要，重视个性差异和多元需求

在探讨如何有效提升大学生对思政课的接受程度时，我们不得不关注一个核心要素：学生的主体需要及其个性差异与多元需求的满足。这不仅是教育人性化的体现，也是提高教学效果、促进学生全面发展的关键。在思政课的教学过程中，教师与学生之间的相处方式对于提升学生的学习接受程度至关重要。为了更好地适应和满足学生的主体需要、个性差异及多元需求，思政课教师应当从以下三个方面着手。

1. 尊重个性，提供自主空间

在思政课堂上，每个学生都是独一无二的个体，他们有不同的兴趣爱好、学习方式和思考角度。因此，思政课教师应当充分尊重学生的个性差异，为他们提供充分自主选择和表达的空间。这意味着，教师需要设计多样化的课堂活动，如小组合作、角色扮演、个性化研究等，让学生可以根据自己的兴趣和特长选择最适合自己的学习路径。这样的教学方式不仅能够激发学生的学习兴趣，还能够促进他们深入理解和接受思政课内容。同时，教师也应当鼓励学生在课堂上积极发言，提出自己的见解和疑问，从而营造一个开放、包容的学习氛围。

2. 多元活动，满足多元需求

大学生在学习过程中往往表现出多样化的学习需求，他们希望通过不同的方式和途径来获取知识和提升能力。因此，思政课教师应当创新教学方式，设计丰富的教学活动，以满足学生的多元需求。例如，可以组织辩论赛、主题演讲比赛等活动，激发学生的思维活力，培养他们的口头表达能力和团队协作能力。同时，教师还应当采用个性化的评价方式，如小组作业、学习日志、项目报告等，为学生提供多元展示平台，让他们能够以自己的方式展示学习成果，从而增强学习兴趣和积极性。

3. 鼓励思考，培养自信表达

在思政课教学中，鼓励学生独立思考和自信表达是至关重要的。思政课不仅

仅是一门传授知识的课程，更是一门引导学生思考、培养学生价值观的课程。因此，教师应当设计讨论环节，引导学生围绕特定议题进行深入探讨，并鼓励他们勇于提出自己的观点。在学生表达过程中，教师应当给予学生充分的肯定和鼓励，即使他们的观点不够成熟或存在偏差，也应当以开放和包容的态度进行引导。通过这样的方式，可以逐渐培养学生独立思考和自信表达的能力，这对他们未来的成长和发展具有深远意义。

综上所述，思政课教师在与学生相处的过程中，应当充分尊重学生的主体需要、个性差异和多元需求。通过给予学生足够的自主选择和表达空间、设置多种形式的教学活动和评价方式，鼓励学生独立思考和表达，教师可以更好地激发学生的学习兴趣和积极性，促进他们的全面发展和成长。同时，这样的教学方式也有助于营造一个开放、包容、富有活力的思政课堂氛围，让学生在轻松愉快的环境中接受思想政治教育。

三、强化主体需要，促进交流与互动

在思政课的教学过程中，强化学生的主体需要并促进师生之间的交流与互动，是提升教学效果、增强学生参与感的重要途径。作为一名经验丰富的思政课教师，笔者深知与学生建立良好沟通、激发学生参与课堂讨论的积极性的重要性。以下是笔者已经实践过并取得成效的一些做法，主要分为三个方面。

1. 创设情境，引发共鸣

为了让学生更好地理解和接受思政课的内容，笔者经常创设与课程内容相关的情境，引发学生的共鸣。例如，在讲解社会主义核心价值观时，笔者会结合当前社会热点事件，引导学生进行讨论和分析。通过这样的方式，学生能够更加直观地感受到思政课内容与现实生活的紧密联系，从而增强学习兴趣和参与度。同时，笔者也会鼓励学生分享自己的看法和经历，让他们在交流中相互学习、共同进步。

2. 小组合作，促进交流

小组合作是促进学生交流与互动的有效方式之一。在思政课上，笔者经常组织学生开展小组合作学习，让他们共同完成一些任务或项目。在小组合作过程中，学生需要相互沟通、协调合作，这不仅能够培养他们的团队协作能力，还能够促进他们之间的交流与互动。为了确保每个学生都能参与小组讨论，笔者会为每个小组分配明确的角色和任务，并鼓励他们在讨论中积极发言、提出自己的见解。通过这样的方式，学生能够在轻松愉快的氛围中学习思政课的内容，并加深对知识点的理解。

3. 利用多媒体，丰富互动形式

随着信息技术的不断发展，多媒体在教学中的应用也越来越广泛。在思政课上，笔者经常会利用多媒体工具来丰富互动形式，激发学生的学习兴趣。例如，使用 PPT、视频、音频等多媒体素材来展示课程内容，让学生更加直观地感受到思政课知识的魅力。同时，笔者也会鼓励学生利用手机、电脑等设备进行在线互动，如参与在线投票、提交作业等。通过这样的方式，学生能够更加积极地参与到课堂中来，与教师和同学进行实时互动，从而提升学习效果。

综上所述，思政课教师应该注重强化学生的主体需要，并促进师生之间的交流与互动。通过创设情境、小组合作以及利用多媒体等方式，教师可以激发学生的学习兴趣和参与度，让他们在轻松愉快的氛围中学习思政课的内容，并加深对知识点的理解。同时，这样的教学方式也有助于培养学生的团队协作能力、沟通能力和独立思考能力，为他们的全面发展打下坚实的基础。

第二节 发挥主体作用，激发大学生受教育的主动性

教师既要让大学生主动地受教育，又要让他们发挥自己的主体作用，即在思政课中，大学生不仅是知识的获取者，也是知识的创造者和传播者。同时，教师还要充分利用网络平台和社交媒体等新媒体工具，鼓励大学生在网上开展思政课相关的学习、交流、分享、评论等活动，拓展他们的视野和社会影响力。

一、参与案例分析，培养大学生解决问题的能力

案例分析是一种通过对具有代表性或典型性的社会现象或问题进行深入分析和探讨来获取认识和启示的教学方法。它可以让大学生从具体的事例中抽象出思政课的理论知识和原理，同时也可以将思政课的理论知识和原理应用到具体的事例中去，提高大学生解决问题的能力。在教学中，思政课教师要选取与时代主题和社会热点相关的案例，如反腐败、脱贫攻坚、疫情防控等，引导大学生运用思政课所学的知识和方法来分析案例中涉及的社会现象或问题的成因、特点、影响、对策等，鼓励他们提出自己的见解和建议，并与教师和同学进行交流和讨论。案例分析的教学活动可以分为以下五个步骤。

第一，教师选择一个与思政课内容相关的案例，可以是真实的或者虚构的，要有一定的复杂性和代表性，能够引起大学生的兴趣和思考。

第二，教师向大学生介绍案例的背景和主要问题，让他们对案例有一个基本的了解，然后提出一些引导性的问题，比如"你认为案例中的人物或者组织做得对吗？为什么？""你认为案例中存在哪些与思政课相关的知识和原理？""你认

为案例中有哪些值得我们借鉴或者警惕的地方？"等。

第三，教师将大学生分成若干小组，让他们在小组内进行讨论和分析，运用思政课所学的知识和方法来回答引导性的问题，并且他们要准备一份小组报告，总结小组讨论的观点和结论。

第四，教师邀请每个小组轮流进行报告，并且鼓励其他小组提出问题或者反馈意见，形成全班的交流和互动。

第五，教师对各个小组的报告进行点评，并且给出自己的观点和结论，强调案例分析的重点和难点，以及该案例与思政课内容的联系和应用。

二、参与角色扮演，培养大学生的情境适应能力

角色扮演是一种通过模拟特定的情境和人物来进行情景模拟或情感体验的教学方法。它可以让大学生从不同的角度和立场来感受和理解社会现象或问题，同时也可以让学生在特定的情境中表达自己的观点和态度，提高自己的情境适应能力。在教学过程中，思政课教师要设计与思政课内容相关的情境和人物，如国家领导人、社会活动家、普通公民等，并根据情境和人物给予学生相应的任务和目标，引导大学生根据自己所扮演的角色来进行言语表达或行为模拟，并与其他角色进行互动和协作。角色扮演作为一种有效的思政课教学方法，有以下三个优点。

第一，角色扮演可以增强大学生对思政课内容的兴趣和参与感。通过角色扮演，学生可以从抽象的理论知识中走出来，进入具体的情境中去，体验不同的角色和立场，感受不同的情感和冲突，从而激发他们对思政课内容的好奇心和探索欲。同时，通过角色扮演，学生可以从被动的听众变成主动的参与者，用语言和行为来表达观点和态度，从而增强他们对思政课内容的认同感和归属感。

第二，角色扮演可以拓展大学生对思政课内容的理解和体会。通过角色扮演，学生可以从单一的视角跳出来，进入多元的视野中去，了解不同的角色和立场对社会现象或问题的看法和态度，从而深化他们对思政课内容的理解。同时，通过角色扮演，学生可以从理性的分析转向感性的体验，进入不同的情境中去，体会不同的角色和立场所面临的困境和挑战，从而深化他们对思政课内容的感受和启示。

第三，角色扮演可以提高大学生对思政课内容的应用和转化能力。通过角色扮演，学生可以深入实践，运用思政课所学的知识和方法解决实际问题或完成特定任务，从而提高他们对思政课内容的应用能力。同时，通过角色扮演，学生可以深入社会实践，与不同背景和立场的人进行有效的交流和协作，从而提高他们对思政课内容的转化能力。

三、参与小组讨论，培养大学生的团队合作能力

讨论是一种有效的小组教学方法，它可以让学生在思政课堂上积极参与、主动探究、互相学习。讨论的基本步骤如下。

首先，将全班分成若干小组。思政课教师要根据思政课的教学目标和内容来确定小组的数量和规模，一般每个小组约4—6人，以便于学生之间的交流和协作。

其次，给每个小组一个主题或任务。思政课教师要根据思政课的教学重点和难点来确定小组的讨论主题或任务，如社会主义核心价值观、中国特色社会主义、国际形势等，并给予每个小组一定的时间和资源，如相关的资料、案例、问题等，引导大学生在小组内部进行深入的讨论或协作。这可以让学生在小组内部进行知识共享和经验交流，增加自己的信息量和见解。

最后，在小组之间进行展示和评价。思政课教师要安排每个小组在全班面前展示任务成果，可以通过报告、演讲、海报、视频等多种形式进行展示，并邀请其他小组对其成果进行评价和反馈，如提问、评论、建议等。这样可以让学生进行观点比较和意见交换，拓宽视野和思路，提高学生的团队合作能力和沟通表达能力。

四、参与辩论赛，培养学生的逻辑思维和表达能力

辩论赛是一种通过对某一具有争议性的话题或问题进行正反两方的论证和辩驳来获取认识和结论的教学方法，是思政课教师常用的教学手段之一，是培养学生的逻辑思维和表达能力的有效途径。

辩论赛可以让学生从不同的角度和立场来分析和评价社会现象或问题，锻炼学生的思辨能力、判断能力、批判能力等；同时也可以让学生用有力的理由和证据来支持自己的观点和反驳对方的观点，锻炼学生的语言表达能力、沟通协调能力、说服影响能力等；此外，辩论赛还可以增强学生的团队合作能力、自信心和风险应对能力，提高学生的综合素质。

思政课教师要在教学中选取与思政课内容相关且具有一定难度和挑战性的辩题，如是否应该取消高考、是否应该实行全民公投等，并根据辩题将全班分成正方和反方两组，引导学生在小组内进行充分的准备和讨论，最后在全班范围内进行正式的辩论赛。思政课教师还要注意明确辩论赛的规则和程序，如辩题的确定、双方的抽签、发言的顺序和时间、评判的标准和方式等，并在辩论赛过程中给予适当的指导和评价，激发学生的参与热情和学习兴趣。

辩论赛可以提高学生的思想认识和能力水平，增进学生对社会热点问题的关注和思考，培养学生的法治意识和社会责任感，促进学生的人格发展和价值实

现。同时，辩论赛也可以丰富思政课教学的形式和内容，增强思政课教学的吸引力和影响力，提高思政课教学的质量和水平。

五、参与模拟法庭，培养大学生的法治意识和法律素养

模拟法庭是一种有效的思政课教学方法，它可以让学生在模拟真实或虚构的法律案件中，从不同的角色和立场来感受和理解法律现象或问题，同时也可以让学生在特定的法律框架和程序中表达自己的观点和态度，提高自己的法治意识和法律素养。模拟法庭的基本步骤和优势如下。

1. 选取与思政课内容相关的案例

思政课教师应选取与思政课内容相关且具有一定教育意义和启发性的案例。思政课教师要根据思政课的教学重点和难点来选取案例，如侵犯公民人身权利、侵犯知识产权、侵犯环境权益等，并尽量选择贴近学生生活、能引发学生思考和讨论的案例。这可以让学生从具体的案例中感受到法律的重要性和必要性，增强学习兴趣和动力。

2. 分配角色并给予时间和资源

思政课教师要根据案例中的情节和人物，将全班分成不同的角色，如原告、被告、证人、检察官、辩护律师、法官、陪审员等，并尽量平衡各角色的数量。思政课教师还要给予各角色一定的时间和资源，如相关的资料、证据、规则等，引导学生根据自己所扮演的角色来进行言语表达或行为模拟，并与其他角色进行互动和协作。这可以让学生从不同的角度和立场来理解和分析法律问题，锻炼自己的逻辑思维、语言表达、沟通协调等能力。

3. 组织模拟法庭及评价反思

思政课教师要安排各小组在全班面前开展模拟法庭活动，按照法律程序进行开庭、举证、质证、辩论、裁判等环节，并邀请其他小组进行评价和反馈，如提问、评论、建议等。思政课教师还要在模拟法庭结束后，组织全班进行评价和反思，让各小组分享感受、收获和困惑，分析模拟法庭活动的优点和不足，总结模拟法庭的意义和启示，提高大学生的思想认识和能力水平。

第三节 培养主体素质，挖掘大学生主体的内在潜力

要让大学生成为具有主体意识和能力的人才，还要培养他们的主体素质，即让他们具备独立思考、创新创造、批判评价、合作沟通等能力。这就要求思政课教师在教学中注重培养大学生的思想和学习能力，不仅要教给他们思政课的基本知识和原理，也要培养他们运用思政课的知识和原理分析和解决问题的能力，如

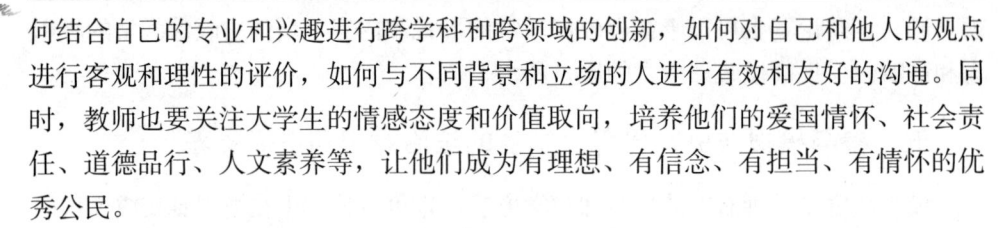

何结合自己的专业和兴趣进行跨学科和跨领域的创新,如何对自己和他人的观点进行客观和理性的评价,如何与不同背景和立场的人进行有效和友好的沟通。同时,教师也要关注大学生的情感态度和价值取向,培养他们的爱国情怀、社会责任、道德品行、人文素养等,让他们成为有理想、有信念、有担当、有情怀的优秀公民。

一、培养大学生的独立思考能力

独立思考能力是指能够根据自己的判断和理由形成自己的观点和结论,而不是盲从或随波逐流的能力。它是大学生主体意识的基础和表现,也是大学生应对复杂多变的社会环境和个人发展的必备能力。

1. 培养独立思考能力,激发问题解决动力

要培养学生的独立思考能力,就要让他们在思政课中多问问题、多思考问题、多解决问题,而不是只听老师讲、只背书本上的知识。思政课教师要注重激发学生的好奇心和求知欲,鼓励他们质疑和思考课堂上所学的观点和知识。教师可以通过引导学生进行讨论、辩论和小组合作等方式,鼓励学生主动参与,培养其独立思考的能力。在这个过程中,教师应起到引导者和指导者的作用,帮助学生理清思路,提出合理的问题,激发学生解决问题的动力。

2. 探究社会现象,培养批判性思维

思政课教师要在教学中引导大学生运用逻辑推理、证据分析、批判性思维等方法探究社会现象和问题的本质和规律,鼓励他们提出独到而有根据的观点和见解。教师可以通过分析案例,引导学生通过对比、分析历史事件等方式,让学生从不同角度思考问题,培养学生的批判性思维和解决问题的能力。思政课教师还应该鼓励学生积极参与课外的社会实践活动,通过实践加强他们对所学知识的应用和理解,从而培养学生的独立思考能力。

3. 辩证分析观点,培养辩证思维与宽容心态

思政课教师还应培养学生对观点进行辩证地分析和评价的能力。在课堂教学中,教师可以引导学生进行主旨辨析、观点批判等练习,让学生学会从多个角度去思考和评价观点,培养学生对复杂问题进行全面思考的能力。同时,教师还应当鼓励学生尊重他人的观点,并学会从不同的观点中寻求异同点,从而培养学生的辩证思维和宽容心态。

总之,培养大学生的独立思考能力是思政课教学的一项重要任务。思政课教师应通过多种教学方法和实践活动,引导学生主动思考和探究,培养他们的批判性思维和综合分析能力。通过这种培养,学生将能够独立面对问题,形成自己的观点和思考方式,为个人的发展和社会的进步作出积极的贡献。

二、培养大学生的创新创造能力

培养大学生的创新创造能力是思政课教学的重要任务。创新创造能力是指学生能够根据自己的兴趣和专长来发现新问题、提出新思路、创造新价值的能力。它是大学生主体意识的延伸和升华,也是大学生适应社会发展和个人成长的重要能力。

1. 激发探索欲,实践创新思维

要培养大学生的创新创造能力,就要让他们在思政课中多尝试新方法、多探索新领域、多取得新成果,而不是只停留在已有的知识和经验上。思政课教师要在教学中激发大学生对社会现实和未来发展的好奇心和探索欲。教师可以通过引导学生进行创新性的项目设计、科研实践和社会实践,让学生增强创新思维和解决问题的能力。同时,教师还应鼓励学生结合自己的专业和兴趣,进行跨学科和跨领域的创新实践。例如,教师可以引导学生从不同的学科和领域角度思考和解决问题,培养他们的综合思考能力和创新能力。

2. 展示分享,激发创造激情

思政课教师还应注重培养学生对自己和他人的创新成果进行积极的支持和推广的态度。教师可以引导学生在课堂上展示和分享自己的创新成果,鼓励他们相互学习和启发。此外,教师还可以通过组织创新竞赛、举办创新创业活动等方式,为学生提供展示和发表创新成果的机会,激发他们的创造激情和创业精神。

通过以上努力,思政课教学可以培养大学生的创新创造能力,培养他们独立思考、勇于创新和开拓创造的意识。通过思政课的学习,大学生将能够不断探索和实践,主动发现问题、提出解决方案,并创造新的价值。这种创新创造能力的培养不仅能为大学生个人的发展和就业提供有力支持,同时也能为社会的进步和发展作出积极的贡献。因此,思政课教师应充分发挥自身的作用,通过教学实践,引导学生在思政课的学习中不断拓展思路、突破创新,培养他们的创新创造能力。

三、培养大学生的批判评价能力

批判评价能力,作为大学生应对复杂社会不可或缺的素质,要求个体在理性思考与综合分析的基础上,对个人及他人的观点和行为作出合理评判。思政课教师承担着引导学生发展这一关键能力的重任。笔者从以下六个方面阐述具体策略。

1. 培养多元视角与多维思维

思政课教师应成为引领学生拓宽认知边界的灯塔,通过教学设计和内容安排,促使学生对社会现象进行多维审视。这包括引导学生从历史纵深、文化背景、经济逻辑、政治框架等多重视角出发，理解并分析问题，避免陷入单一视角的局限，从而培养其综合思维能力。

2. 强化科学评价标准与理性评价

在思政课堂上，教师应积极倡导并教授学生如何运用科学的方法和标准对他人的观点和行为进行客观、理性的评价。这涉及教授学生如何剖析事物背后的动因，如何权衡观点的正反两面，以及如何运用逻辑思维和批判性思维工具对信息进行筛选、分析和评估，进而形成有理有据的评价体系。

3. 鼓励持续的自我反思与相互学习

思政课还应成为促进学生自我成长与相互启迪的平台。教师应鼓励学生进行自我反思，认识到自身认知的局限，并勇于自我批评与改进。同时，通过组织课堂讨论、学术研讨会等活动，让学生在交流中学会倾听、尊重差异，从沟通交流中汲取营养，不断完善自我认知体系。

4. 融合实践与理论，拓展学习平台

将思政课堂与社会实践紧密结合，是提升学生批判评价能力的有效途径。教师应策划实践活动，如企业探访、社区服务、非营利组织参与等，让学生在亲身体验中深化对社会问题的理解，拓宽视野，为批判评价提供丰富的实证基础。

5. 利用现代技术促进思维碰撞

在数字时代，思政课教师应充分利用在线平台，如论坛、博客、社交媒体等，为学生搭建观点交流与批判评价的新平台。通过这些平台，学生不仅能接触到更多元的观点，还能在互动中锻炼辩证思维和逻辑推理能力，促进深度思考。

6. 提供适时指导与反馈

教师在整个培养过程中应扮演好指导者与反馈者的角色。教师应通过课堂讲解、作业批改等方式，及时纠正学生的思维偏差，对其合理见解给予正面反馈，激发学生持续探索与进步的热情，确保批判评价能力的培养落在实处。

综上所述，思政课教师在培养大学生批判评价能力上发挥着不可替代的作用。通过多元教学策略与实践活动的结合，教师可以有效培养学生独立思考、理性评价的能力，为他们的全面发展奠定坚实基础。

四、培养大学生的合作沟通能力

合作沟通能力，作为大学生步入社会、实现个人价值的关键技能，要求个体在多样的人际交往中展现出高效协同与顺畅交流的能力。思政课教师作为引导学生成长的重要角色，承担着培养这一能力的重任。以下从四个方面阐述思政课教师在培养大学生合作沟通能力上的具体实践与策略。

1. 鼓励课堂内外的互动交流

思政课教师应积极构建促进学生交流互动的教学环境。通过组织小组讨论、团队项目及辩论等课堂活动，不仅为学生提供了合作解决问题的平台，还教会了他们倾听与尊重的艺术。这些活动让学生在实践中学习如何有效沟通，进而提升合作能力。

2. 推动团队活动的参与与实践

参与团队活动是锻炼合作和沟通能力的有效途径。思政课教师可策划学术研究、社会调查及公益项目等实践活动，让学生在团队中扮演不同角色，体验分工合作与共同决策的过程。通过解决实际问题，学生能够学会协调资源、处理冲突，从而增强团队协作能力。

3. 鼓励个人展示与自信建立

思政课课堂应成为学生展示自我、增强自信的舞台。教师鼓励学生在课堂上分享观点、表达情感，这不仅能锻炼他们的表达能力，还能提升他们的自信心。这种自信心的建立，是学生在合作沟通中敢于发声、勇于担当的重要基础。

4. 营造开放包容的教学氛围

思政课教师还需致力于营造一个开放、平等、尊重与信任的教学环境。教师应尊重学生的个性与差异，鼓励他们以恰当的方式表达自我。通过案例分析、角色扮演及辩论等多种教学形式，教师能引导学生学会倾听、理解、妥协与协调，有效处理合作中的分歧与冲突，为培养学生良好的合作和沟通能力创造条件。

综上所述，思政课教师在培养大学生合作和沟通能力方面发挥着至关重要的作用。通过鼓励互动交流、推动团队实践、鼓励个人展示及营造开放氛围等策略，教师可以有效提升学生的合作和沟通能力，为他们未来适应社会与职业发展奠定坚实基础。只有具备出色的合作和沟通能力的大学生，才能在复杂多变的社会环境中游刃有余，实现个人与社会的共同繁荣。

参考文献

一、著作

[1] 列宁选集，第 1 卷 [M]. 北京：人民出版社，2012：317.

[2] 邓小平. 邓小平文选：第 2 卷 [M]. 北京：人民出版社，1994：108.

[3] 陈万柏，张耀灿. 思想政治教育学原理（第二版）[M]. 北京：高等教育出版社，2006.

[4] 中共中央 办公厅，国务院办公厅. 关于深化新时代学校思想政治理论课改革创新的若干意见 [M]. 北京：人民出版社，2019.

二、期刊

[1] 习近平. 思政课是落实立德树人根本任务的关键课程 [J]. 求是，2020（17）.

[2] 习近平. 在党史学习教育动员大会上的讲话 [J]. 求是，2021(7).

[3] 叶方兴. 大思政课：推动思想政治理论课的社会延展 [J]. 思想理论教育，2021(10).

[4] 冯秀军. 善用"大思政课"的三个维度 [J]. 思想理论教育导刊，2021(8).

[5] 韩学亮，黄广友. 新发展阶段"大思政课"的现实语境、价值意蕴及建设思路 [J]. 高校马克思主义理论教育研究，2021(6).

[6] 卢黎歌，向苗苗，李丹阳. 善用"大思政课"争当思政"大先生" [J]. 学校党建与思想教育，2022(5).

[7] 高国希. 试论关于"大思政课"的几对范畴关系 [J]. 马克思主义理论学科研究，2021(10).

[8] 董雅华. 善用"大思政课"促进教育资源转化：意涵、问题与进路 [J]. 思想理论教育，2022(4).

[9] 王易. 推进新时代思想政治理论课高质量发展 [J]. 红旗文稿，2022(4).

[10] 赵春玲，逢锦聚. "大思政课"：新时代思政课改革创新的重要方向和着力点 [J]. 思想理论教育导刊，2021(8).

[11] 徐爱花. 略论思政课教学中灌输性与启发性相统一原则 [J]. 西部学刊，2020(22).

[12] 徐爱花. 思政课教学中主导性与主体性的统一 [J]. 西部学刊，2021(1).

[13] 徐爱花. 红色文化在高校思政课教学中的融入 [J]. 西部素质教育，2021(1).

三、报刊

[1] 习近平. 用新时代中国特色社会主义思想铸魂育人 贯彻党的教育方针落实立德树人根本任务 [N]. 人民日报，2019–03–19（01）.

[2] 习近平. 在知识分子、劳动模范、青年代表座谈会上的讲话 [N]. 人民日报，2016–04–30（02）.

[3] 习近平. 在北京大学师生座谈会上的讲话 [N]. 人民日报，2018–05–03（02）.

[4] 习近平. 做党和人民满意的好老师——同北京师范大学师生代表座谈时的讲话 [N]. 人民日报，2014–09–10（02）.

[5] 习近平首次点评"95后"大学生 [N]. 人民日报，2017–01–03（02）.

[6] "'大思政课'我们要善用之"（微镜头·习近平总书记两会"下团组"·两会现场观察）[N]. 人民日报，2021–03–07.

[7] 习近平. 坚持中国特色社会主义教育发展道路 培养德智体美劳全面发展的社会主义建设者和接班人［N］. 人民日报，2018–09–11（1）.

[8] 习近平. 习近平在全国高校思想政治工作会议上强调把思想政治工作贯穿教学全过程 开创我国高等教育事业发展新局面［N］. 人民日报，2016–12–09（1）.

[9] 习近平. 用新时代中国特色社会主义思想铸魂育人 贯彻党的教育方针落实立德树人根本任务［N］. 光明日报，2019–03–19（1）.

[10] 习近平在中国人民大学考察时强调：坚持党的领导传承红色基因扎根中国大地 走出一条建设中国特色世界一流大学新路 [N]. 人民日报，2022–04–26（1）.

[11] 习近平在清华大学考察时强调：坚持中国特色世界一流大学建设目标方向 为服务国家富强民族复兴人民幸福贡献力量 [N]. 人民日报，2021–04–20（1）.

[12] 习近平在全国教育大会上强调：坚持中国特色社会主义教育发展道路 培养德智体美劳全面发展的社会主义建设者和接班人 [N]. 人民日报，2018–09–11（1）.

[13] 坚持中国特色社会主义教育发展道路 培养德智体美劳全面发展的社会主义建设者和接班人 [N]. 人民日报，2018–09–11.

[14] 徐蓉，周璇. 善用"大思政课"推进教学改革创新 [J]. 思想理论教育，2021，

（10）.

[15] 舒仁庆. 让红色基因代代相传[N]. 学习时报，2016–10–13.

[16] 陈宝生. 用习近平新时代中国特色社会主义思想铸魂育人[N]. 人民日报，2019–04–23（09）.

[17] 王学俭，施泽东."大思政课"的科学蕴意和实践理路[N]. 中国教育报，2022–03–24（5）.

[18] 齐鹏飞. 善用"大思政课"[N]. 人民日报，2021–03–19（9）.